AF533913

WO DER SCHWARZWALD AM SCHÖNSTEN IST

ASTRID LEHMANN

WO DER SCHWARZWALD AM SCHÖNSTEN IST

ASTRID LEHMANN

10 × 10 SEHENSWERTE ORTE IM SCHWARZWALD

GMEINER

BERGE · FELSEN · MOORE & GRINDEN · BÄUME & BANNWÄLDER · FLÜSSE & SCHLUCHTEN · WASSERFÄLLE · SEEN · TÄLER & HOCHEBENEN · BURGRUINEN & KLÖSTER · HISTORISCHE ORTE & DENKMALE

Wenn der Himmel in die Bergwiese fließt,
die Sonne durch das Waldmeer strömt
oder die Weidbuche mit dem Wind tanzt,
in diesem Augenblick ist der Schwarzwald am schönsten.
Und mit dir, Günther, an meiner Seite.

Alle Angaben in diesem Buch wurden von der Autorin mit Sorgfalt recherchiert und zusammengestellt. Für die Richtigkeit der Angaben kann jedoch keine Haftung übernommen werden. Wandervorschläge im Internet können veralten – bitte prüfen Sie diese nochmals vor Antritt Ihres Ausflugs. Für Hinweise und Anregungen sind wir dankbar. Bitte wandern Sie auch im Mittelgebirge gut ausgerüstet und mit Vorsicht.

Besuchen Sie uns im Internet:
www.gmeiner-verlag.de

Im Ehnried 5, 88605 Meßkirch
Telefon 07575/2095-0
info@gmeiner-verlag.de

1. Auflage 2023

Lektorat/Redaktion: Anja Kästle
Layout/Herstellung: Julia Franze
Umschlaggestaltung: Susanne Lutz
unter Verwendung von Fotos: © Funny Studio – stock.adobe.com

Druck: Florjančič tisk d.o.o., Maribor
Printed in Slovenia
ISBN 978-3-8392-0428-3

Nach einer kurzen Kindheit in Frankreich und einer etwas längeren Jugend im Schwarzwald hat Astrid Lehmann jahrelang auf drei Kontinenten in großen Metropolen gelebt und gearbeitet. Fremde Kulturen und grandiose Naturlandschaften haben sie auf ihren Reisen fasziniert. Vor über zwölf Jahren ist Astrid Lehmann in den Schwarzwald zurückgekehrt und wohnt heute mit ihrer Familie im wunderschönen Wolftal, wo sie ihre ganz persönliche Heimat gefunden hat. Nach Stationen in der Vertriebswelt und dem Tourismus arbeitet sie nun als Autorin und Wildpflanzenpädagogin. Naturverbunden und abenteuerlustig genießt sie die einzigartige Natur- und Kulturlandschaft des Schwarzwalds und ist dabei am liebsten zu Fuß unterwegs.

INHALT

DER SCHWARZWALD – GLÜCK IN GRÜN

Wo ist der Schwarzwald am schönsten? Diese Frage zu beantworten, ist nicht einfach. Vor allem wenn man eine klare Vorgabe vor Augen hat und jeweils zehn Orte der zehn schönsten Kategorien nennen darf. Und doch kann die Antwort sehr simpel sein: An jeder Ecke! Denn es reicht ein Gang in die Natur und wir sind umgeben von einer zauberhaften und vielschichtigen Landschaft. Dichte Nadelwälder, in denen die Tannen wie Akteure auf einer Bühne stehen und von der Sonne angestrahlt werden, saftige Wiesen, auf denen die würzige Kräuterwelt des Schwarzwalds gedeiht, klare Bäche, in denen die Forellen glitzern, oder romantische Wasserfälle, von denen der Dunst aufsteigt – der Schwarzwald zeigt überall verschwenderisch seinen Reichtum. Seine landschaftlichen Schätze sind facettenreich. Vom Waldmeer des Nordens, in denen die Bäume regieren, bis zu den kargen Bergrücken des Südens, von den sonnigen Weinbergen und blumigen Streuobstwiesen des Westens zu den luftigen Hochebenen des Ostens bietet er eine unglaubliche Bandbreite an Entdeckungen und Emotionen.

So abwechslungsreich die von Menschenhand modellierte Natur ist, so vielfältig zeigen sich auch die Besiedlungsformen. Zwischen den hohen Gipfeln wandert man durch schmale, geheimnisvolle Täler, in denen sich die Häuser eng aneinanderschmiegen und die Zeit stillzustehen scheint. Oder man flaniert durch pittoreske Fachwerkstädtchen, so schön, dass man an jeder Ecke fotografieren möchte. Oder man bewundert auf einer einsamen Hochebene einen Schwarzwälder Bauernhof, der mit seinem tief heruntergezogenen Dach seine Bewohner vor Wind und Wetter schützt. Oder man bestaunt eine uralte Mühle, die ihr klapperndes Lied im Gleichklang mit dem rauschenden Bach singt. Gelegentlich stoßen wir auch auf Burgen und Ruinen, die uns Geschichten aus anderen Zeiten erzählen. Majestätisch stehen sie auf einem Bergrücken und bieten einen Weitblick ins Unendliche.

Ein Menschenleben reicht wahrscheinlich nicht aus, um den Schwarzwald und seine facettenreiche Natur in ihrer Gesamtheit zu erfassen. Ein guter Ausgangspunkt sind jedoch die ungefähr 24.000 Kilometer an markierten Wegen, die das Wanderherz höherschlagen lassen. Für Wanderer bedeutet das mehr als eine halbe Erdumrundung, ohne den Schwarzwald je zu verlassen. Im Vogelflug sind es von dem Waldmeer des Nordens bis zu den kargen Bergrücken des Südens ungefähr 160 Kilometer und von den sonnigen Weinbergen des Westens zu den Hochebenen des Ostens bis zu 60 Kilometer. So entdeckt auch der größte Schwarzwaldkenner immer wieder Orte, die er vorher nicht kannte und die ihn neu entzücken.

In Deutschlands größtem Mittelgebirge gibt es viele Berge zu erklimmen, über 102 Gipfel knacken die 1.000-Meter-Marke. Und das Schöne daran? Sie sind gut erreichbar und nicht so hoch wie ihre Brüder in den Alpen. Was aber nicht heißt, dass die Besteigung nicht schweißtreibend ist. Ganz im Gegenteil, von ganz unten im Tal bis hinauf auf den Gipfel winden sich die Pfade steil bergauf. Der Atem geht flach, das Herz rast und die Waden brennen, doch oben auf dem Bergrücken werden wir mit spektakulären Weitblicken belohnt. Hintereinander gestaffelte Gipfel präsentieren sich unserem Auge. Oft schimmert im Hintergrund das Band der Vogesen in einem verschwommenen Blau und an klaren Tagen zeigen sich in weiter Ferne die verzuckerten Spitzen der Alpenkette. Schöner als jede Malerei.

Doch wie ist er erstanden, der schwarze Wald, und wie kam er zu seinem berühmten Namen? Geboren wurde er vor Millionen von Jahren in mehreren Phasen. Ein Zusammenspiel aus der Bildung des Grundgesteins, der Verschiebung von Platten, ihrer Dehnung und letztendlich dem Absinken des Oberrheingrabens. Am Ende dieser komplexen geologischen Vorgänge erhoben sich am Rand zwei markante Gebirgsketten: der Schwarzwald und die Vogesen. Recht jung in der Geschichte ist hingegen sein Name. Römer, die vor rund 2.000 Jahren von Italien in den Norden zogen, sollen ihm den Namen »silva nigra« – schwarzer Wald – gegeben haben. Unheimlich und dunkel, sogar bedrohlich wirkte er auf die einstigen Eroberer. Ein Name voller Mystik, geheimnisvoll wie in einer Ballade, der ihm bis heute erhalten geblieben ist. Und der ihn weltweit zu einer Berühmtheit hat aufsteigen lassen.

Sein Bekanntheitsgrad ist mir im Ausland des Öfteren vor Augen geführt worden. Nach einer kurzen Kindheit in Frankreich und einer längeren Jugend im Schwarzwald habe ich jahrelang auf drei Kontinenten gelebt und gearbeitet. Während dieser Zeit durfte ich immer wieder grandiose Naturlandschaften entdecken. Was mir von diesen Jahren in den entfernten Ecken der Welt stark in Erinnerung geblieben ist, sind die entzückten Ausrufe, wenn ich von meiner Heimat erzählt habe: »Black Forest, how wonderful!« So habe ich von der Ferne aus gemerkt, wie sehr der Schwarzwald verzaubert und Emotionen weckt. Langsam hat sich in mir eine innere Sehnsucht ausgebreitet. Mit jedem Jahr, das ich in der Fremde verbrachte, wuchs mein Verlangen nach dieser außergewöhnlichen Region, den bunten Wiesen des Frühlings, dem harzigen Geruch des Waldes im Sommer, den Tälern, in denen morgens der Herbstnebel ruht, und der Stille, die im schneereichen Winter regiert. Mittlerweile weiß ich, dass der Schwarzwald mit jeder anderen Gegend auf dieser Erde hocherhobenen Hauptes konkurrieren kann. Hier findet man noch eine Ursprünglichkeit, die uns verzaubert und andernorts teilweise verschwunden ist. Eine ungezähmte Wildnis, als hätte man die Zeit angehalten, ein bisschen zumindest.

Der Schwarzwald stillt die Sehnsucht in uns nach Authentizität und Geborgenheit in der Natur. Einfach ausgedrückt ist er Glück in Grün.

ZU DIESEM BUCH

Ich bin keine gelernte Fotografin. Und mein technisches Verständnis ist limitiert. Fotografieren ist Physik, eine Wissenschaft, die für mich tief im Verborgenen liegt. Nicht nur aus diesem Grund habe ich mich für eine kompakte Systemkamera entschieden. Denn viele der vorgestellten Orte sind nur zu Fuß erreichbar. Gewappnet mit mehreren Objektiven, einem Stativ, meinem unverzichtbaren Notizblock, Wasser und Vesper bringt mein Rucksack schon mal zehn Kilogramm auf die Waage.

Wie bei den meisten Geräten heutzutage benutze ich nur wenige Knöpfe und Programme meiner Kamera, zahlreiche Sonderfunktionen und spezielle Effekte setze ich nicht ein. So puristisch verhält es sich auch mit der Bildbearbeitung. Natürlich kann man heute aus jedem Foto ein Kunstwerk machen. Das ist von der Realität allerdings weit entfernt. Ich bevorzuge hingegen, die Natur so festzuhalten, wie sie sich meinem Auge zeigt. Unverfälscht. Am Anfang des Projekts hat mir ein Profi eine wichtige Bemerkung mit auf den Weg gegeben: »Ein guter Fotograf kann mit einer günstigen Kamera ein schönes Bild zaubern, jedoch hilft kein Profi-Equipment, wenn man das Schöne nicht stimmungsvoll festhalten kann.« Ich möchte dem hinzufügen: Nur mit Liebe im Blick entfaltet sich die Schönheit der Natur. So ist jede dieser Fotografien entstanden: mit offenem Herzen und großer Begeisterung für den Schwarzwald. Wer ganz in die Natur eintauchen möchte, folgt den Wandervorschlägen, die jeden Beitrag ergänzen. Unter den angegebenen Kurzlinks und QR-Codes finden sich Informationen zum Streckenverlauf samt Startpunkt. Ich wünsche Ihnen viel Freude beim Entdecken.

DAMIT DER SCHWARZWALD WEITERHIN SO SCHÖN BLEIBT

Einige Touristenregionen haben mich gebeten, manch stark frequentierte Besuchermagnete nicht aufzuführen beziehungsweise auf das fragile Ökosystem hinzuweisen, denn dort ist die Natur überlastet und leidet. Diesen Wunsch habe ich bei meiner Auswahl für dieses Buch berücksichtigt. Am Anfang dieses Projekts stand ich vor einer gewaltigen Aufgabe: Gerade mal 100 Beiträge sollen die Vielfalt und Schönheit des Schwarzwalds zeigen! Welche Orte sollen aufgenommen werden, welche Stellen rücken folglich in den Hintergrund? Die Auswahl war keine einfache Angelegenheit und ist selbstverständlich subjektiv. Die persönlichen Präferenzen, die Emotionen des Moments und die jahreszeitliche Stimmung flossen in die Entscheidung mit ein. So zeigt das Buch jeweils zehn sehenswerte Orte aus zehn Kategorien. Jedoch soll es nicht als festes Ranking verstanden werden, sondern vielmehr die Bandbreite dieser einzigartigen Landschaft festhalten, die Menschen seit Jahrhunderten verzaubert. Eine Hommage an den Schwarzwald mit seiner ganz eigenen Identität, in dem die Bäume regieren und das Wasser dominiert.

Seit über einem Jahrzehnt gehe ich unzählige Schritte im Wald. Noch nie habe ich so viel Müll gesehen wie in den letzten Jahren, insbesondere Taschentücher für Hinterlassenschaften. Wir sollten alles, was wir in den Wald hineintragen, auch wieder hinaustragen. Danke.

Die Natur ist ein Geschenk. Wir dürfen sie nur eine Zeit lang begleiten. Umso mehr sollte es uns ein Anliegen sein, unsere schützenden Hände über sie auszubreiten!

Ihre Astrid Lehmann

BELCHEN 01
SCHÖNENBERG

Direkte Anfahrt

Bei der Talstation Obermulten, Aitern, befindet sich ein großer Parkplatz. Alternativ kann man das Auto bei Wieden am Wiedener Eck abstellen.

Wandertipp

Bequem geht es mit der Seilbahn nach oben. Ansonsten führt von der Talstation aus ein 3 Kilometer langer, steiler Wanderweg auf den Berggipfel. Für geübte Wanderer ist der Genießerpfad Belchensteig (15,1 Kilometer) sehr empfehlenswert.

Kurzlink

out.ac/GGB9g

Es gibt kaum etwas, das man über diese baumlose Schönheit nicht schon geschrieben hätte. Das ist nicht verwunderlich, denn der Belchen ragt mit seinen Steilhängen markant in die Höhe und ist von Weitem sichtbar. Seine runde Silhouette gipfelt bei 1.414 Metern und ist die vierthöchste Erhebung des Schwarzwalds. Beeindruckend ist seine Besteigung auf dem berühmten Premiumwanderweg Belchensteig vom Wiedener Eck aus. Spektakuläre Ausblicke und meisterlich geschnitzte Bänke laden die Wanderer immer wieder zum Verweilen und in die Welt der Träume ein. Oben am Gipfelkreuz angekommen, fasziniert ein berauschend schönes Panorama. Ein besonderer Moment, der für die Mühen des Aufstiegs belohnt. Zu übertreffen ist diese Erfahrung nur mit der einzigartigen Morgenstimmung auf dem Belchen. Vom Gipfel aus genießt man einen dramatischen Sonnenaufgang. Ein Erlebnis mit Suchtpotenzial, das sich tief in den Kopf und das Herz eingräbt.

In diesem Augenblick versteht man, weshalb der Belchen ein magischer Berg ist. Bereits sein keltischer Name »Belenus«, der Strahlende, weist darauf hin. Er soll Teil des Belchensystems sein, zu dem seine drei Brüder in Frankreich und sein Bruder in der Schweiz gehören, alles Namensvettern. Erst Ende des 20. Jahrhunderts hat man entdeckt, dass die fünf Gipfel miteinander in Verbindung stehen: Die Anfänge der astronomischen Jahreszeiten kann man anhand der Sonnenauf- und -untergänge über den jeweiligen Bergen ablesen. Da die Kelten keine schriftlichen Quellen hinterließen, beruhen diese Annahmen auf Vermutungen. Geheimnisvolle Spekulationen, die den Belchen nur noch zauberhafter erstrahlen lassen.

Der mystische Steinkreis auf dem Belchengipfel

HERZOGENHORN 02
BERNAU

Ein Schritt vor, zwei Schritte zurück. Das Herzogenhorn muss man sich hart erkämpfen. Für die Mühe wird man reichlich belohnt. Von Bernau und seinem Wanderparkplatz im Ortsteil Hof aus sind es nur drei Kilometer bis zum Herzogenhorn, aber die haben es in sich. Insgesamt gilt es auf der kurzen Wanderstrecke 500 Höhenmeter zu überwinden. Ein schnelles Voranschreiten ist bei der Steigung fast unmöglich, allerdings lädt vor allem die spektakuläre Aussicht zum Verweilen ein und verlängert unbemerkt die Verschnaufpausen. Immer wieder schweift der Blick in die unendliche Weite des Himmels.

Mit seinen 1.415 Metern ist der Hausberg von Bernau ein Ort des Lichts und der Grenzenlosigkeit. Ursprünglich und wild, so könnte man ihn überdies beschreiben. Keine Imbissbuden, keine Seil- und Rodelbahn, nur Natur und ein Verwöhnprogramm für die Augen. Durch luftige Bergmischwälder und bunte Hochweiden geht es steil bergauf, die letzten Meter sind anstrengend. Doch eine artenreiche Wildblumenflora säumt im Frühling und Sommer den Wegesrand und sorgt für ein würziges Geruchserlebnis. Der Herbst hingegen bringt ein goldgelbes Farbenmeer zum Vorschein.

Auf der baumlosen Bergkuppe angekommen, belohnt ein spektakulärer Weitblick die Wanderer. Vom Feldberg über den Belchen bis hin zum blauen Band der Vogesen und den verschneiten Spitzen der Alpenkette im Süden – bei klarer Sicht ist die Besteigung des Herzogenhorns ein Genuss. Eine Orientierungstafel zeigt, welche Gipfel rundherum zu sehen sind. Nicht so überlaufen wie seine großen Brüder in unmittelbarer Nähe, hat man den Bernauer Hausberg mit ein bisschen Glück für sich allein. Dann kann man die Stille des wilden Bergs in Ruhe genießen. Das Herzogenhorn – ein Herzfüller.

Direkte Anfahrt

Von Bernau aus den Straßen bis zum Ortsteil Hof folgen. Von dort ist der Weg ausgeschildert. Alternativ kann man bis zum Wanderparkplatz beim Berggasthof Krunkelbachhütte, Krunkelbachweg 10, 79872 Bernau, fahren.

Wandertipp

Vom Ortsteil Hof (3 Kilometer) oder von der Krunkelbachhütte (2 Kilometer) der Beschilderung folgen. Für eine sportliche Variante empfiehlt sich die Gipfeltour (14,1 Kilometer), die das Herzogenhorn mit den Spießhörnern verbindet.

Kurzlink

out.ac/EYVpP

Der baumlose Gipfel des Herzogenhorns – hier kann man die Bergwelt tief in das Herz einatmen

FELDBERG 03

FELDBERG

Direkte Anfahrt

Von der B 317 kommend ist das große Parkhaus »Feldberg« ausgeschildert.

Wandertipp

Beim »Haus der Natur« gibt es viele Wegweiser. Am besten wandert man zunächst hoch zum Seebuck und von dort zum eigentlichen Feldberggipfel (3 Kilometer). Ganz bequem geht es mit der Seilbahn zum Gipfel. Ein wunderschöner Weg hinauf ist der Feldberg-Steig (12,3 Kilometer).

Kurzlink

out.ac/uOVt

Unser Schwarzwälder Alpenmassiv. Höher hinauf kommt man nicht, mit seinen 1.493 Metern ist der Feldberg der höchste Gipfel in unserer Region. Und in ganz Deutschland, exkludiert man die Alpen.

Die komfortabelste Art und Weise, diese Berühmtheit zu erkunden, beginnt mit einer Fahrt mit der Seilbahn. Schweißtreibender ist der Aufstieg zu Fuß, doch mit jedem Schritt steigt die Begeisterung. Vom »Haus der Natur« führt ein gerader Weg nach oben. Keine zwei Kilometer und man erreicht das Bismarckdenkmal, einen aus Bruchsteinen errichteten Turm und das Wahrzeichen des Feldbergmassivs. Einen Steinwurf entfernt steht auf dem Seebuck, dem zweithöchsten Gipfel des Schwarzwalds, der Feldbergturm, auf dem man sich bei bester Aussicht und dem Himmel ein Stückchen näher das Ja-Wort geben kann. Über eine flache Senke führt der Weg weiter zum eigentlichen Feldberg. Nimmt man beide Gipfel zusammen, so kann man eine baumfreie Endlosigkeit genießen. Nirgends im Schwarzwald hat man ein derartiges Gefühl der grenzenlosen Weite. Ein Augenfüller.

Im Sommer ist die Luft erfüllt vom Summen der zahlreichen Insekten, die reinste Symphonie. Auf den saftigen Wiesen blühen würzige Kräuter, die Leibspeise vieler Schmetterlinge, Bienen, Fliegen und Käfer. Möchte man seine Kinder für den Aufstieg zum Feldberg begeistern, reicht die Mitnahme einer Lupe aus – Biologie-Unterricht unter freiem Himmel. Doch auch im Winter ist der Feldberg berauschend: reines Weiß und im Sonnenlicht flimmernde Eiskristalle so weit das Auge reicht. In südlicher Richtung grüßen die verschneiten Bergspitzen der Alpen. Wir fühlen uns beseelt und freuen uns wie kleine Kinder über die unberührte Schneelandschaft.

Auch wenn er das Ziel vieler Besucher ist, geht der große Berggipfel direkt ins Herz. Innehalten, tief einatmen und genießen.

Ein Fest für die Sinne

BLÖSSLING 04
BERNAU

Direkte Anfahrt

Von Bernau kommend auf der L 149 bis zum Steinbruch Wacht fahren. Gegenüber befindet sich der Wanderparkplatz.

Wandertipp

Vom Wanderparkplatz ist der Gipfel ausgeschildert, die einfache Strecke ist 3 Kilometer lang. Alternativ gibt es auch einen Rundwanderweg (8,6 Kilometer).

Kurzlink

out.ac/asrAr

Inmitten größerer Berühmtheiten wie dem Feldberg, dem Herzogenhorn und dem Belchen wird der Blößling gerne übersehen. Und doch ist er eine besondere Erhebung: ein buntes Wildpflanzenparadies auf 1.310 Höhenmetern mit traumhaften Ausblicken. Zauberhafte Bilder, die man fest in sein Herz einschließen und bei Bedarf abrufen kann.

Die Magie des Blößlings trifft den Wanderer völlig überraschend. Von Bernau kommend deutet nichts darauf hin, dass sich hinter den Wäldern oberhalb des Parkplatzes bei Wacht eine solche Schönheit verbirgt, zumal sich auf der anderen Seite der befahrenen Straße ein Steinbruch befindet, der mit Bergromantik so gar nicht in Verbindung zu bringen ist. Ein breiter Wanderweg lädt zum Aufstieg ein. Das soll der Aufgang zum Blößling sein? Ernüchterung legt sich über unsere Vorfreude. Der Lärm vom Steinbruch und die Motorengeräusche der Landstraße begleiten zunächst unsere Schritte. Ein anstrengender Zickzack-Kurs, der nur eine Richtung kennt – steil nach oben. Schließlich mündet der Wanderweg in einen schmalen Pfad und langsam baut sich Ungeduld auf. Man spürt intuitiv, dass der Berg dabei ist, seine Schätze preiszugeben. Und man wird nicht enttäuscht.

Ein buntes Blumenmeer entfaltet sich vor uns: Gelber Enzian, orange blühendes Habichtskraut und die Türkenbundlilie, deren Blüte so hinreißend ist, dass man sich vor der Natur verneigen möchte. Alles wilde Schönheiten, an denen sich eine unglaubliche Anzahl an Schmetterlingen labt. Bienen summen und Hummeln brummen um die Wette und heißen uns willkommen. Hebt man den Blick, so schenkt uns der Berg eine traumhafte Sicht auf das Bernauer Hochtal und die großen Brüder des Blößlings. An klaren Tagen erscheinen die verzuckerten Spitzen der Alpenkette am Horizont. Es ist so berührend hier, man möchte für immer bleiben.

Der bunte Blumengipfel des Blößlings

HORNISGRINDE 05
SEEBACH

Direkte Anfahrt
Startpunkt ist der Mummelsee an der Schwarzwaldhochstraße B 500. Vom großen Parkplatz leiten mehrere Wanderwege zum Gipfel.

Wandertipp
Gut ausgeschildert führt der kürzeste Weg in knapp 2 Kilometern auf die Hornisgrinde. Oben angekommen, kann man seine Wanderung ausdehnen.

Kurzlink
out.ac/3RWrV

Zu jeder Jahreszeit ist die Erkundung der Hornisgrinde ein berauschendes und erfrischendes Erlebnis, Letzteres insbesondere im Winter, wenn über der höchsten Erhebung des Nordschwarzwalds eine klirrende Kälte herrscht und ein eisiger Wind weht. Vor allem in den belebenden Morgenstunden, in denen noch die Stille regiert und die Landschaft in farblosen Tönen zu schlafen scheint. Plötzlich zeigt sich ein heller Schweif am Horizont, der sich innerhalb weniger Minuten in ein zartes Gelb verwandelt, um dann in einem kräftigen Orange und zuletzt in einem leuchtenden Feuerrot das Finale des Naturspektakels einzuläuten. Die natürlichen Farbtöne der Morgenröte bergen in sich ein wiederkehrendes Versprechen. Das Schauspiel dauert leider nur wenige Augenblicke und unser Herz ruft nach einer Zugabe.

Wenn es hell ist, schweift der Blick zu den benachbarten Vogesen und in weite Ferne bis hin zu den verschneiten Zuckerspitzen der Alpen. Bei einer inversen Wetterlage liegt dem Wanderer das Nebelmeer, das die umliegenden Täler mit seinem bauschigen Mantel bedeckt, zu Füßen. Doch die Hornisgrinde zeigt oftmals ein anderes Gesicht. Als einer der niederschlagreichsten Orte Deutschlands setzen sich mitunter Regenbänder am Berg regelrecht fest und verdecken die Sicht vollständig. Dann präsentiert er sich wie ein Schotte mitten im Schwarzwald.

Auf ihrem beeindruckenden Hochplateau 1.164 Meter über dem Meeresspiegel und dem nahezu baumlosen Bergrücken bietet die Hornisgrinde eine Fülle von Ausblicken. Die schönste Fernsicht hat man von ihren beiden Aussichtstürmen aus: Der 1910 vom Schwarzwaldverein errichtete Hornisgrindenturm und sein kleiner Bruder, der Bismarckturm, der 1840 auf der höchsten Erhebung gebaut wurde, eröffnen neue Perspektiven.

Die Sonne steigt auf

KANDEL 06
WALDKIRCH

Der Hausberg der Waldkircher ist ein Sportparadies par excellence. Schnell erreichbar, bietet der Kandel auf seiner breiten Fläche eine Fülle an Bewegungsmöglichkeiten. Doch erst mal zu den Weitblick-Genießern: Vom Gipfel aus liegt einem nicht nur ganz Waldkirch zu Füßen, sondern auch die flache Rheinebene, aus der sich im Hintergrund die Vogesen erheben. Lauter grüne Wald- und Wiesenpunkte in der endlosen Weite.

Mit seiner höchsten Erhebung von 1.242 Höhenmetern garantiert der Kandel ein ausgedehntes Wandervergnügen. Zahlreiche gut ausgeschilderte Wege sind im Angebot, vom Spaziergang bis zur anspruchsvollen Höhentour. Wer lieber auf Rädern unterwegs ist, den erwartet ein großes Netz an Radwegen für vielseitige Touren. Ganz Ambitionierte wählen einen anspruchsvollen Trail, bei dem es mit dem Mountainbike über Stock und Stein zur Orgelstadt Waldkirch geht, während der große Kandelfelsen die Sportkletterer anzieht. Im Winter lassen die ersten Schneeflocken die Herzen höherschlagen. Ob Schneeschuhwandern, Langlauf oder Abfahrtsski, hier ist für jeden etwas dabei. Wem das nicht ausreicht, der arbeitet sich auf Tourenskiern von ganz unten im Tal bis zum Gipfel hinauf. Ein hoher Puls ist garantiert.

Da auf dem ausgedehnten Berg immer ein frischer Wind weht, gibt es auch ein Spektakel der besonderen Art. Vom Drachen- und Gleitschirmplatz unterhalb des Gipfelpavillons kann man die Flugkörper bei ihrem Luftballett beobachten. Für diejenigen, die mutig genug sind, sich in luftige Höhen zu begeben, ist ein Tandemflug ein unvergessliches Ereignis. Ein paar couragierte Schritte und schon schwebt man schwerelos über den Mittleren Schwarzwald. Der Blick schweift ins Unendliche und die Gedanken sind frei.

Doch der Kandel ist viel mehr als ein Eldorado für Sportler. Gerade im Sommer duftet die Bergwelt würzig: Auf den Hochweiden gedeihen Bärwurz, Wiesenkerbel und das sich im Wind wiegende Wollgras. Darüber gleiten Schwalbenschwänze, die sich eindeutig freuen, hier zu leben.

Direkte Anfahrt

Von Waldkirch aus von der B 294 Richtung Elzach auf die L 186 abbiegen. Die Landstraße verläuft direkt unterhalb des Gipfels.

Wandertipp

Eine schöne Möglichkeit, die Bergwelt zu entdecken, bietet die Tour »Rund um den Kandel« (6,7 Kilometer). Start ist die Passhöhe.

Kurzlink

out.ac/lcTlk

Der Kandel – ein Eldorado für Sportler

BADENER HÖHE 07

FORBACH UND BADEN-BADEN

Direkte Anfahrt
Vom Mehliskopf die L 83 Richtung Herrenwies nehmen. In der kleinen Ortschaft parkt man am besten an der Sankt Antonius Kirche.

Wandertipp
Vom Parkplatz aus führt ein Rundweg über den Herrenwieser See zur Badener Höhe und wieder zum Ausgangspunkt zurück (8,5 Kilometer).

Kurzlink
out.ac/G4RmK

Zugegeben, die Badener Höhe gehört mit ihren 1.002 Höhenmetern nicht zu den höchsten Bergen des Schwarzwalds. Auch sind die Bäume rund um den bewaldeten Gipfel nach dem verheerenden Orkan Lothar 1999 wieder gewachsen und versperren die Weitsicht. Doch dafür ist das Rundum-Panorama, das der auf der höchsten Erhebung gebaute Friedrichsturm bietet, umso spektakulärer: ein grünes Waldmeer, das sich wie ein Teppich um die Badener Höhe legt und aus dem in südlicher Richtung die Hornisgrinde majestätisch aufragt. Weiter im Westen erstreckt sich die flache Rheinebene und gibt den Blick auf den Kamm der Vogesen frei. Zum Norden hin öffnet sich die Sicht auf den Odenwald und bei sehr klaren Wetterbedingungen sogar auf den Großen Feldberg im Taunus, den hessischen Namensvetter. Im Osten dehnt sich die Weite der Schwäbischen Alb aus. Ein wunderbarer Blick.

Doch das ist nicht alles: Allein die Besteigung des Friedrichsturms ist lohnenswert. 1890 errichtet und von Großherzog Friedrich I. von Baden eingeweiht, ist er ein ansehnlicher Bau. Komplett aus dem für die Region typischen Sandstein erbaut, ragt er 30 Meter in die Höhe und bietet gleich zwei Aussichtsplattformen. Über eine Wendeltreppe im Inneren des Turms gelangt man zunächst auf die untere. Nach insgesamt 147 Treppenstufen schließlich bläst einem ganz oben bei bester Aussicht der Wind stürmisch um die Nase.

Die Badener Höhe liegt nördlich der kleinen Gemeinde Herrenwies auf dem legendären Westweg. In der einstigen Glashütten-Gemeinde Herrenwies steht die aus Sandstein errichtete Sankt Antonius Kirche. Die einzige Kirche, die vom Nationalpark umschlossen wird. Viele Holzelemente ergänzen im Innenraum den roten Stein, der gotische Flügelaltar ist einfach sehenswert.

Der grüne Waldmantel um die Badener Höhe

SCHAUINSLAND 08
FREIBURG

Bereits der Name weckt die pure Vorfreude: »Schau-ins-land«. In nicht mal einer halben Stunde verlässt man das hektische Treiben der Freiburger Innenstadt und gleitet mit der Schwebebahn auf den 1.284 Meter hohen Schauinsland, den Hausberg der Freiburger. Nicht nur seine gute Erreichbarkeit sichert ihm einen besonderen Platz in den Herzen vieler Freiburger, sondern die Vielzahl an Möglichkeiten, die er bietet. Ein ausgedehntes Wegenetz garantiert stundenlanges Wanderglück oder Radelspaß. Lohnenswert ist zudem die Erkundung des 1593 erbauten Schniederlihofs in Hofsgrund. Das typische Schauinslandhaus mit einem wunderschönen Kachelofen und einer seit Jahrhunderten unveränderten Rauchküche ist heute ein Museum. Im Silberbergwerk kann man die mineralogische Vergangenheit des Schwarzwalds erforschen oder, wer es lieber luftig mag, vom Abflugplatz mit dem Gleitschirm in die Weite des Schwarzwalds entschweben.

Wem das alles zu aktiv ist, der genießt einfach nur die atemberaubende Fernsicht auf die umliegenden Gipfel, allen voran den Feldberg, der sich wie auf einem Silbertablett eindrucksvoll in Szene setzt. Den schönsten Ausblick hat man vom 31 Meter hohen Eugen-Keidel-Turm. In Holzfachwerkbauweise errichtet, thront er auf dem Gipfel des Schauinslands. An manchen Tagen scheinen die Alpen hier zum Greifen nah und ein Gefühl grenzenloser Freiheit breitet sich aus. Einen besonderen Zauber entfalten die Tage mit Inversionswetterlage, wenn die Temperaturen auf dem Berg höher sind als im Tal: Dann liegt zu unseren Füßen ein Nebelmeer und die Schwarzwälder Hauptstadt ruht unter bauschigen Wolken, während oben strahlender Sonnenschein unser Herz berührt und es erwärmt.

Direkte Anfahrt

Von Freiburg kommend der Schauinslandstraße folgen. Entweder steigt man in der Bohrerstraße 11 in die Seilbahn oder fährt weiter auf der Schauinslandstraße bis zum Parkplatz an der Bergstation.

Wandertipp

Direkt an der Bergstation und dem nahen Parkplatz gibt es viele ausgeschilderte Wanderwege. Eine schöne Fernsicht bietet die Gipfelwanderung (4,4 Kilometer).

Kurzlink

out.ac/sikH

Weitblicke vom Schauinsland – der Feldberg scheint ganz nah

HOCHKOPF 09
TODTMOOS

Es gibt gleich mehrere Gründe, warum sich dieser Gipfel zu den schönsten des Schwarzwalds zählen darf. Beginnen kann man die Aufzählung mit dem herrlichen Aufstieg vom Weißenbachsattel aus. Ein erhabener Mischwald aus Buchen und Tannen begleitet Wanderer den 1.263 Meter hohen Berg hinauf. Die grünen Riesen schenken uns ihren Schatten, gerade im Sommer eine angenehme Wohltat. Oben angekommen, bezaubert der hinreißende Turm: Mit Schindeln bedeckt, erinnert er an eine Kirchturmspitze. Vorläufer war eine Schutzhütte, die bereits Ende des 19. Jahrhunderts errichtet wurde, als der Tourismus zunehmend an Bedeutung gewann. Wenig später folgte eine Erweiterung mit einer Plattform, nach dem Ersten Weltkrieg dann der Hochkopfturm. 1981 wurde das Holzkonstrukt wieder abgetragen und neu gebaut, im Jahr 2020 grundlegend saniert. Der Aussichtsturm ist mit seinen 14 Metern nicht sehr hoch, doch dafür umso charmanter und mit seinem braunen Schindelkleid ein entzückender Schwarzwaldbotschafter. Besteigt man das Holzkonstrukt, so eröffnet sich ein wunderbares Panorama, vor allem nach Süden hin. Der Blick schweift zu den Bergen des Südschwarzwalds, in das tief eingeschnittene Wehratal bei Todtmoos und auf die bewaldeten Hochflächen des Hotzenwaldes. Bei klarer Sicht scheint das Bernauer Oberland nur einen Steinwurf entfernt, dahinter erheben sich majestätisch die Schweizer Alpen.

Die Picknickbänke auf dem Bergrücken laden zum Rasten ein und auf der Himmelsliege kann man das Leben genießen. Die vielen Blüten erfreuen nicht nur das Auge, sondern ziehen auch hübsche Besucher an: Eine große Anzahl an Schmetterlingen flattert umher, sogar die seltenen Schwalbenschwänze kann man bei ihrem beeindruckenden Segelflug beobachten.

Direkte Anfahrt

Zwischen Todtnau und Todtmoos gelegen, fährt man auf der L 151 und parkt am besten auf dem Parkplatz nahe dem Waldhotel Auerhahn »Hochkopfhaus«.

Wandertipp

Vom Parkplatz aus ist der Aufstieg zum Hochkopf ausgeschildert (1,4 Kilometer). Eine längere Rundtour (14,6 Kilometer) bietet schöne Ausblicke auf das Präger Tal.

Kurzlink

out.ac/fSwtG

Ein Himmelsdach aus Schindeln

KLEINES SPIESSHORN 10

BERNAU

Die Gemeinde Bernau ist gesegnet: ein wunderbares Hochtal, eingerahmt von wunderschönen Gipfeln, die sich wie Wachposten erheben und die Gemeinde umarmen. Einer dieser Berge ist das Kleine Spießhorn, ein versteckter Gipfel, der auf 1.330 Metern Höhe liegt und dem Wanderer unvergessliche Weitblicke schenkt.

Das errichtete Holzpodest mit seiner Himmelsliege ist ein Logenplatz der Superlative. Vor uns, wie auf einer Leinwand, präsentieren sich die Berge. In unmittelbarer Nähe zieht das Bernauer Hochtal unsere Blicke magisch an, nordwestlich dominiert das Herzogenhorn, der dritthöchste Berg des Schwarzwalds, weiter südlich erhebt sich der Belchen, dahinter die Bergkette der Vogesen. Zur Krönung wird im Süden die Schweizer Alpenkette wie auf einem Silbertablett serviert. Beim Geologie-Unterricht nachhelfen kann das Viscope, ein Fernrohr, das die Namen der Gipfel einblendet und auf dem Holzpodest steht. Nicht nur für kleine Wanderer eine tolle Sache. Die Himmelsliege ist so gemütlich und das Panorama so herrlich, man könnte Stunden auf dem Kleinen Spießhorn verbringen und einfach nur in die Ferne schauen, ein wahres Verwöhnprogramm für die Augen.

Das Große Spießhorn oder nur Spießhorn genannt, lockt unweit seines kleineren Bruders. Doch unter uns: Mit der spektakulären Sicht auf Bernau kann der höhere Gipfel nicht mithalten. Wer die Ästhetik dieser Gegend in sich aufnehmen möchte, kann sich auf den »Bernauer Hochtal Steig« begeben, einen aussichtsreichen, 16 Kilometer langen Premiumwanderweg mit kräftigen Aufstiegen, der an beiden Spießhörnern vorbeiführt. Die Mühe lohnt sich.

Direkte Anfahrt

Vom Bernauer Ortsteil Dorf führen mehrere Wanderwege zum Kleinen Spießhorn, der kürzeste Anstieg geht über den Krunkelbachweg.

Wandertipp

Der Premiumwanderweg Hochtal-Steig (15,7 Kilometer) ist einer der schönsten Wanderwege im Schwarzwald. Startpunkt: Wanderparkplatz Hochtal-Steig, Bernau. Von Sankt Blasien kommend direkt am Ortseingang auf der rechten Seite.

Kurzlink

out.ac/3aRea

Blick vom Herzogenhorn auf das Kleine Spießhorn

KARLSRUHER GRAT 01

OTTENHÖFEN IM SCHWARZWALD

Ein Klettersteig-Feeling wie in den Schweizer Alpen ist genau das, was der Karlsruher Grat bietet, nur eben mitten im Schwarzwald. Ursprünglich hieß er »Eichhaldenfürst«, erhielt aber 1926 seinen heutigen Namen, nachdem viele Ausflügler aus der Karlsruher Gegend die Besteigung mit ihrem Leben bezahlt hatten. Die stark zerklüftete Gesteinslandschaft ist daher nur für Schwindelfreie und Trittsichere geeignet. Festes Schuhwerk ist eine Selbstverständlichkeit, die Flipflops sollte man bei diesem Ausflug lieber zu Hause lassen.

Die Kletterpartie ist von Ottenhöfen aus gut erreichbar. Nachdem man nahe dem Steinbruch das wildromantische Edelfrauengrab bewundert hat, stellen sich nach wenigen Kilometern schon die Alpengefühle ein. Der eigentliche Klettergrat ist nicht lang, allerdings garantieren die wenigen hundert Meter am Felsen Nervenkitzel.

Bei der Gesteinsformation handelt es sich um einen Quarzporphyr-Rücken, der vor rund 270 Millionen Jahren entstand, als Magma in eine tiefe Gesteinsspalte eindrang und erkaltete. Durch Erosion des umgebenden weicheren Gesteins wurde der harte und widerstandsfähige Porphyr als markanter Grat herausgebildet und erhebt sich nun als steinige Schönheit hoch oberhalb der Gemeinde Ottenhöfen. Der waldfreie und von der Sonne angestrahlte Felsbereich stellt ein wertvolles Habitat für eine angepasste Flora und Fauna dar, ein Lebensraum unter anderem für Heidekrautgewächse, gelb blühenden Ginster und eine Vielzahl an Schmetterlingen.

Kann man den Blick vom Gestein lösen, genießt man eine überwältigende Aussicht auf das tief eingeschnittene Gottschlägtal auf der einen und die Schwarzwaldhöhen auf der anderen Seite. Hier oben fühlt man sich fast wie ein Vogel.

Direkte Anfahrt

Bei den Edelfrauengrab-Wasserfällen nahe Ottenhöfen gibt es einen Parkplatz, die Straße heißt ebenfalls Edelfrauengrab.

Wandertipp

Nur bei absoluter Trittsicherheit und Schwindelfreiheit sollte der Karlsruher Grat begangen werden. Wer die ganze Schönheit dieser Landschaft erleben möchte, kann sich auf die anspruchsvolle Rundtour (12,6 Kilometer) aufmachen.

Kurzlink

out.ac/RCVK

Nervenkitzel ist bei der Besteigung des Karlsruher Grats garantiert

ORGELFELSEN 02

GERNSBACH-REICHENTAL

Warum er so einen treffenden Namen trägt, versteht sich von selbst. Wie die Metallpfeifen einer Orgel ragen die einzelnen Segmente des Orgelfelsens inmitten einer reizvollen Landschaft auf der Gemarkung der Gemeinde Gernsbach hoch über die Baumwipfel. Grazil erheben sich die einzelnen Säulen in den Himmel, einzig die Musik fehlt, die man bei diesem Anblick beinahe erwartet.

Bei dieser kuriosen Formation handelt es sich um Granit, der vor ungefähr 300 Millionen Jahren im Erdinneren durch die Erkaltung von Lava entstanden ist. Durch Bewegungen und Abtragungen ist das Gestein schließlich an die Erdoberfläche gelangt. Dort angekommen, war seine Wandlung noch nicht abgeschlossen: Den Naturgewalten ausgesetzt, haben in den Längs- und Querrissen des Granitfelsens Verwitterungen ihre Spuren hinterlassen, ein Prozess, der schon Millionen von Jahren andauert. Vor allem das gefrierende Wasser, das sich in den Spalten ausgedehnt hat, formte das Gestein wie ein Künstler sein Werk. Dieser Vorgang, den man »Wollsack-Verwitterung« nennt, ist beim Orgelfelsen vor allem in den Längsrissen ausgeprägt. Sie hat ihm seine säulenartige Erscheinungsform geschenkt. Und die ist bei Kletterern sehr beliebt: Der Orgelfelsen bietet viele Routen in den verschiedensten Schwierigkeitsstufen. Vor allem die Risskletterei an der Südostwand erfordert eine gute Technik. Wer sich nicht in luftige Höhen vorarbeiten möchte, bewundert die Kletterkünste der Sportler vom sicheren Boden aus.

Nicht Musiker meistern den Orgelfelsen, sondern wagemutige Kletterer, die die steinerne Schönheit Stück für Stück ehrfürchtig erklimmen.

Direkte Anfahrt

Im Gernsbacher Ortsteil Reichental die L 76b nehmen und auf dem Wanderparkplatz Orgelfelsenhaus parken.

Wandertipp

Vom Parkplatz Orgelfelsenhaus führt ein ebener Weg (knapp 2 Kilometer) zum Felsen.

Kurzlink

out.ac/3Pjg4

Gipfelstürmer erklimmen die Orgelpfeifen

BATTERT 03
BADEN-BADEN

Direkte Anfahrt
Von Baden-Baden aus fährt man zum Alten Schoss Hohenbaden. Dort gibt es einen Parkplatz.

Wandertipp
Eine schöne Tour mit tollen Ausblicken bietet der Rundwanderweg (9,1 Kilometer), der am Ortsausgang von Baden-Baden startet. Er verbindet das Alte Schloss Hohenbaden, die Aussichtsplattform Ritterplatte und den Battertfelsen.

Kurzlink
out.ac/X9kdV

Nicht nur für Kletterer und Liebhaber von Nervenkitzel ist der Battert eine wunderbare Adresse. Die Felsformation lockt mit ihrer erhabenen Position hoch oberhalb der Stadt Baden-Baden und einem fantastischen Blick über den waldigen Schwarzwald und die flache Rheinebene. Von der mondänen Stadt aus führt ein steiler Weg hinauf zum Battert. Imposante Buchen säumen den Pfad. Spechte hämmern und Tauben gurren in dem Bannwald, der die Gesteinsformation umgibt. Zunächst passieren wir das Alte Schloss Hohenbaden und verschnaufen auf der Aussichtsplattform Ritterplatte. Geht man weiter, empfängt eine 600 Jahre alte Eiche die Wanderer, der älteste Baum im Stadtkreis Baden-Baden. Was sich in diesen vielen Jahren unter seinen Ästen wohl alles ereignet haben mag? Die Eiche hat vor Kurzem ihren charakteristischen Seitenast verloren, der nun neben ihr liegt und neues Leben schenkt.

Der Battert ist eine Felsengruppe, die vor knapp 300 Millionen Jahren durch vulkanische Tätigkeit entstanden ist. Bei dem Gestein handelt es sich um den Ausfluss und die Erstarrung von Quarzporphyr. Vorsprünge, Risse und Spalten machen es zu einem Kletterparadies par excellence. Doch in erster Linie ist es ökologisch wertvoll und benötigt unseren Schutz. Zum Beispiel brütet der Kolkrabe auf Felssimsen oder Astgabeln und lässt uns an seinem großen Repertoire an Rufen teilhaben. Auch der stark gefährdete Wanderfalke nistet wieder in dem unebenen Felsgestein. Erfolgreich mit der Aufzucht sind sie nur, wenn die Vögel ungestört sind. Daher sind Teile der Pfade und Kletterrouten gesperrt. Die ausgedehnten Blockhalden, die das Gestein umgeben, sind die Heimat gefährdeter Reptilien wie der Mauereidechse und der Schlingnatter. Der Battert wirkt wie eine in den Felsen gehauene Burg – ein Wächter aus der Urzeit und ein Hüter der gefährdeten Fauna.

Ein Paradies für Kolkraben und Wanderfalken

SCHARFENSTEIN 04

MÜNSTERTAL-OBERMÜNSTERTAL

Direkte Anfahrt

Von Obermünstertal auf der L 123 Richtung Wieden fahren. Auf der linken Seite befindet sich in einer scharfen Linkskurve ein Wanderparkplatz.

Wandertipp

Der Ritterpfad ist ein kurzer Themenrundweg (4,1 Kilometer) und sehr zu empfehlen. Er beginnt am Wanderparkplatz.

Kurzlink

out.ac/B3Ynp

Der Name verrät schon fast alles: ein scharfkantiger Fels, der fast 100 Meter steil nach oben ragt. Von der Straße aus beobachtet wirkt er sehr dominant und scheint auf den wunderschönen Bergmischwald hinabzuschauen. Der Fels besteht aus Quarzporphyr, einem harten, über 300 Millionen Jahre alten Gestein. Der Scharfenstein hat eine besondere Ästhetik und bietet zudem eine interessante Geschichte.

Blickt man vom Parkplatz aus zur erhabenen Felskuppe, so kann man sich kaum vorstellen, dass hoch oben einst eine Höhenburg gethront hat. Wie beschwerlich muss es gewesen sein, mit Baumaterialien und Waren hinaufzugelangen!

Eine erste schriftliche Erwähnung fand die Burg 1267 als Besitz der Herren von Staufen, Funde belegen allerdings, dass sie älteren Ursprungs sein muss. Wie schon die Burg Staufen diente die Höhenburg Scharfenstein zur Sicherung der Macht und zum Schutz des Silberbergbaus, einer wichtigen Einnahmequelle des Adelshauses. Doch die Herren von Staufen waren im 14. Jahrhundert aus finanziellen Gründen gezwungen, Teilrechte an den Ländereien der Burg zu veräußern. Das Kloster Sankt Trudpert, das Haus Habsburg und die Stadt Freiburg erwarben Ansprüche an den Ländereien. Aber wie so oft in der Geschichte, wenn sich zu viele gierige Münder einen Kuchen teilen, kam es zu Konflikten und Kriegen: Die Freiburger griffen 1346 die Bergbaustadt Münster an und verwüsteten im Zuge dessen die Höhenburg auf dem Scharfenstein. Sie wurde nicht mehr wiederaufgebaut.

Auf dem Felsrücken informiert eine Tafel über die bewegte Geschichte der Burg und weist Besucher auf die Überreste der Ruine hin. Ritter und Fürsten sind heute längst verschwunden, doch mit etwas Glück kann man Gämsen bei ihren waghalsigen Sprüngen beobachten, die heutigen Herrscher des Scharfensteins.

In luftiger Höhe thronen die Relikte einer Burg

GÜNTERFELSEN 05
FURTWANGEN

Als hätte ein Riese mit Murmeln gespielt, liegen mitten im Wald runde Felsgiganten aufeinander. Zwischen der Bregquelle, der hübschen Martinskapelle, dem Berg Brend und seinem markanten Aussichtsturm kann man diese außergewöhnliche Gesteinsformation erleben. Wandert man auf der legendären Fernwanderstrecke Westweg, so kommt man an den kantengerundeten Blöcken vorbei, ein Kunstwerk aus den Tiefen der Erde. Wären sie nicht so schwer, könnte man meinen, ein sanftes Anstoßen mit der Fingerspitze würde genügen, um die Steinkugeln ins Rollen zu bringen. Doch wie kamen sie an diesen Ort, wenn es kein Schwarzwaldriese war, der beim Murmelspiel gestört wurde?

Die Antwort liegt im Grunde zu unseren Füßen. Der Günterfelsen ist eine sogenannte Wollsack-Granitformation, modelliert aus der Verwitterung des Granits, eines magmatischen Tiefengesteins, das vor Millionen von Jahren unterhalb der Erdoberfläche entstand und besonders hart ist. Durch die Bewegungen in der Erdkruste und die Abtragungen des darüber liegenden Gesteins gelangte das Tiefengestein langsam an die Erdoberfläche. Einmal oben angekommen, war es der Witterung ausgesetzt, die die charakteristischen »Wollsäcke« formte: Als hätte ein Schäfer seine Wolle in grobe Säcke gesteckt und aufeinandergestapelt. Seinen Namen soll der Günterfelsen von einem in Urkunden erwähnten Bauern haben, auf dessen Grundstück sich dieses Zeugnis der Erdgeschichte befand.

Die im Wind tanzenden Äste malen ein schönes Schattenspiel auf die Steinriesen und laden uns ein, innezuhalten und die Magie des Ortes zu genießen.

Direkte Anfahrt

Von Furtwangen aus der Katzensteigstraße und der Beschilderung zur Bregquelle folgen. Nahe der Martinskapelle gibt es einen Parkplatz.

Wandertipp

Eine Rundtour (10 Kilometer) führt von Wolfhof im Nonnenbachtal zum Günterfelsen und Kolmenkreuz. Von dort aus ist es ein kurzer Abstecher zur Bregquelle. Fit sollte man sein, denn auf der Strecke müssen rund 600 Höhenmeter überwunden werden.

Kurzlink

out.ac/3uxbFi

Ein Steingarten mitten im Wald

GROSSER KANDELFELSEN 06

WALDKIRCH

Westlich des Kandelfelsens ragt eine besondere Erhebung in die Höhe: der Große Kandelfelsen. Kletterobjekte gibt es im Schwarzwald viele, doch das hier hat es ganz schön in sich. Allerdings machen weder seine Höhe von über 50 Metern noch seine anspruchsvollen und vielseitigen Kletterrouten den Gneis so berühmt. Es sind die vielen Geschichten über fliegende Hexen und wilde Walpurgisnachtfeiern, die über den Schwarzwälder Blocksberg erzählt werden.

Wer nicht an okkulte Hexentreffen an diesem Ort glauben mag, muss sich einer erdrückenden Beweislage stellen: Rund 2.000 Kubikmeter Fels stürzten mit einem gewaltigen Donnern in die Tiefe. Und das nicht an einem beliebigen Tag, sondern in der Walpurgisnacht 1981. So weit, so gut, das könnte alles Zufall sein. Doch der gelöste Felsbrocken brach von der überstehenden Nase der Teufelskanzel ab. Immer noch Zufall? Nun kommt die Uhrzeit ins Spiel: Es war kurz nach Mitternacht, eine Zeit, in der die Hexen angeblich wild und ausgelassen tanzen. Und der krönende Abschluss: Ein Reisigbesen wurde später im Geröllhaufen gefunden.

Offenbar sind Hexen seit dem Mittelalter und der Frühen Neuzeit rehabilitiert, denn durch die teuflischen Gesteinsmassen kam niemand zu Schaden. Ein Wunder. Die Geschehnisse rund um den Großen Kandelfelsen sind einfach zu schaurig-schön, um nicht festgehalten zu werden. Für Kletterer hingegen ist der Felssturz ein herber Verlust. Ihre Kletterroute ist jetzt sechs Meter kürzer, doch dafür umso unheimlicher … Für Wagemutige noch ein letzter Hinweis: Die Felsqualität soll hervorragend sein. Nur zu!

Direkte Anfahrt

Von Waldkirch aus von der B 294 Richtung Elzach auf die L 186 abbiegen. Die Landstraße führt direkt zu den Parkplätzen unterhalb des Gipfels.

Wandertipp

Von der Passhöhe bis zum Großen Kandelfelsen ist es je nach gewähltem Pfad etwa 1 Kilometer. Dort kann man den Kletterern zuschauen und sich am Spektakel erfreuen.

Kurzlink

out.ac/IlkFLM

Schaurig-schöne Geschehnisse am Großen Kandelfelsen

BILDSTEIN 07
SCHLUCHSEE-AHA

Direkte Anfahrt
Beim Bahnhof Aha am Schluchsee befindet sich ein Parkplatz. Von dort ist der Bildstein ausgeschildert.

Wandertipp
Eine ausgedehnte Panoramatour bietet der Bildsteinweg (15,2 Kilometer). Der Start ist am Bahnhof Aha.

Kurzlink
out.ac/ZmGST

Weder aus Granit noch aus Sandstein. Der Bildstein ist eine geologische Besonderheit im Schwarzwald. Doch zunächst gilt es, ihn zu erklimmen. Mehrere Wanderwege führen an ihm vorbei, so der Jägersteig und der Schluchtensteig. Der schnellste – und steilste – Aufstieg beginnt am Bahnhof Aha. Von dort aus kann man den markanten Felsen nicht erkennen, so bewaldet ist die Region rund um den Schluchsee. Die dunklen Tannen breiten ihre Arme aus und verbergen den Bildstein. Erst über einen Kilometer und 200 Höhenmeter weiter lichtet sich der Wald und schenkt dem Wanderer ein atemberaubendes Panorama. Zunächst das tiefe Blau des Schluchsees, das sich in dem dichten Waldmeer eingenistet hat und unsere Blicke magisch anzieht. Kleine Boote treiben auf der Wasseroberfläche und drehen ihre Runden. Im Hintergrund das Grün der Tannen und Hochweiden, die die Gipfel bedecken. Der Feldberg grüßt in der Ferne. An schönen Tagen erstreckt sich die Sicht bis zu den Alpen, die verschwommen am Horizont stehen. Mehrere Bänke laden zur Rast ein und man kann einfach nur genießen. Herrlich.

Eine Informationstafel auf dem Gipfel des Bildsteins erklärt, warum das Gestein des Felsens so besonders ist. Es handelt sich um Tonschiefer, der relativ jung ist im Vergleich zu den beiden Grundgesteinen des Schwarzwalds Granit und Gneis: »nur« 400 Millionen Jahre alt und damit aus der Zeit des Devons. Infolge der Anhebung unseres Mittelgebirges wurden in der Regel die oberen, jüngeren Gesteinsschichten abgetragen. Aber nicht hier. Wir erfahren auch, dass es sich bei dem Tonschiefer um dasselbe Gestein handelt, das wir am berühmten Loreley-Felsen im Mittelrheintal vorfinden. Ein sagenumwobener Ort. Mit diesem Wissen wirkt der Bildstein noch ein bisschen magischer.

Unser Schwarzwälder Loreley-Felsen

SIEBENFELSEN 08

ELZACH-YACH

Direkte Anfahrt

Von Elzach Richtung Yach fahren und der Straße Vorderzinken bis zum Wanderparkplatz folgen.

Wandertipp

Ein Rundwanderweg (8,7 Kilometer) verbindet den Siebenfelsen mit dem Rohrhardsberg. Der Startpunkt befindet sich in Vorderzinken bei Yach.

Kurzlink

out.ac/XmxbG

»Ein Männlein steht im Walde, ganz still und stumm …« Es hat aber kein purpur Mäntelein um, wie Hoffmann von Fallersleben einst dichtete. Sondern ist ganz in Grau gehüllt. Die Rede ist vom Steinmännlein Siebenfelsen. Mitten im Wald thront es auf einem Bergvorsprung, so als hätte ein Steinmetz im Herzen der Yacher Landschaft eine Skulptur erschaffen.

Der Name verrät es schon: Beim Siebenfelsen handelt es sich um ein gigantisches Steingebilde, das den Eindruck vermittelt, ein Schwarzwaldriese hätte sieben Granitblöcke aufgetürmt. Dabei fungierte allein die Natur als Bildhauer. Die Schaffung ihres Werkes hat Millionen von Jahren gedauert, denn der Granitfelsen wurde durch die natürliche Verwitterung modelliert. Die einzelnen Segmente haben eine kubistisch anmutende Form, wie übereinandergestapelte kleine Altartische. Vielleicht ist das auch einer der Gründe, warum manche vermuten, hier handle es sich um eine vorzeitliche Kult- und Opferstätte. Oder es liegt an der Zahl Sieben und ihrer großen Symbolkraft, die ihr als »magische« Zahl in vielen Kulturen zukommt. Die Fantasien einiger Besucher werden an diesem Kraftort angeregt.

Seit 1905 ist der Steinriese mit seiner beachtlichen Höhe von 6,30 Metern ein Naturdenkmal und steht somit unter Schutz. Das war nicht immer so: In der Geschichte sind solche Gesteinsformationen leider oft der Granit-Industrie zum Opfer gefallen. Der Siebenfelsen ragt frei inmitten einer stillen Waldlandschaft auf. Dunkle Tannen und Laubbäume sind seine Begleiter. Der Ort strahlt eine gewisse Magie aus. Er lädt uns ein, zur Ruhe zu kommen, zu staunen und die unverfälschte Ästhetik der Natur in sich aufzunehmen.

Steine im Gleichgewicht

STEINZEITHÖHLEN »TEUFELSKÜCHE« 09

EHRENKIRCHEN-EHRENSTETTEN

So unscheinbar, man könnte glatt vorbeilaufen. Und doch bieten die drei Höhlen im Felsen einen Blick in die dunkle Urzeit des Schwarzwalds. Mit der mittelalterlichen Vorstellung einer Teufelsküche haben sie wenig zu tun, denn wir machen einen weitaus größeren Schritt zurück in die Geschichte. Vorgenommene Radiokarbondatierungen belegen, dass Jäger und Sammler am Ende der letzten Eiszeit in den Höhlen ihr Lager aufschlugen.

Harsche Wetterbedingungen, eine eisige Kälte und anhaltende Dunkelheit im Winter, dazu nur simple Unterschlüpfe als Behausungen – die Lebensbedingungen von damals sind für uns heute unvorstellbar. Dabei ist das im Hinblick auf die Menschheitsgeschichte noch gar nicht allzu lange her. Zu dieser Zeit war das Klima kälter, im Jahresmittel ungefähr fünf Grad. Statt des dichten Waldes, den wir heute kennen, war die Landschaft weitaus lichter. Zwergweiden und Birken wuchsen luftig, die Krautschicht bestand aus Gräsern und Sträuchern. So hatten unsere eiszeitlichen Vorfahren von den Höhlen aus einen freien Blick über das Möhlintal und konnten den Bewegungen der Wildpferde und Rentierherden folgen. Großtiere wie Mammuts und Wollnashörner waren bereits nahezu ausgestorben. Ausgrabungen in den Höhlen legten zahlreiche Steinwerkzeuge frei, die zur Zerlegung der Jagdbeute dienten.

Der Steinzeitpfad führt nicht nur zu den Höhlen, sondern informiert auch über die frühesten Zeugnisse menschlicher Existenz im Breisgau: In der Gegend wurden Faustkeile gefunden, die aus der Periode stammen, als der Neandertaler Mitteleuropa besiedelte. Sie sollen etwa 140.000 Jahre alt sein. Aus der jüngeren Geschichte bezeugen weitere Entdeckungen, dass am Übergang von der Jungsteinzeit zur Bronzezeit, also 2.200 bis 2.000 vor unserer Zeitrechnung, der Ölberg bewohnt war.

Hier fühlt man sich unseren Vorfahren näher als anderswo – einfach die Augen schließen und sich vorstellen, wie sie am Lagerfeuer gesessen und an ihren Werkzeugen gearbeitet haben.

Direkte Anfahrt

Im Zentrum der Ortschaft Ehrenkirchen gibt es mehrere Parkplätze. Von dort aus Richtung Ölberg spazieren.

Wandertipp

Der Steinzeitpfad (4 Kilometer) führt rund um den wunderschönen Ölberg und verbindet die Geschichte unserer Vorfahren mit der reizvollen Rebenlandschaft.

Kurzlink

out.ac/3qppK

Auf den ersten Blick unscheinbar und doch voller Bedeutung

FALKENSTEIN 10
SCHRAMBERG

Direkte Anfahrt

Von Schramberg aus der L 175 in Richtung Tennenbronn folgen. Kurz vor dem Ortsausgang beim Berneckstrand gibt es Parkmöglichkeiten.

Wandertipp

Wer die vielen Höhenmeter nicht scheut, kann sich auf den Schramberger Burgenpfad (12 Kilometer) begeben. Der Start ist am Busbahnhof.

Kurzlink

out.ac/4xrEk

Ein schwindelerregender Felsen, auf dem seit Jahrhunderten eine Burg thront. Sie scheinen miteinander verwachsen, als würden sie eine Einheit bilden und gemeinsam in den Himmel fließen. Gut versteckt in den dichten Wäldern Schrambergs, inmitten eines steinigen Terrains, erhebt sich majestätisch ein Granitfelsen, zunächst so verborgen, dass man ihn von der Straße aus zuerst gar nicht wahrnimmt. Dabei ragt er 25 Meter in die Höhe und wacht erhobenen Hauptes über das Uhrenstädtchen Schramberg. Auf ihm thront die Burgruine Falkenstein, eine Wächterin der Geschichte des Ortes. Kletterer hingegen geraten bei diesem Anblick sofort ins Schwärmen, bietet der Granitriese doch eine der abwechslungsreichsten Klettermöglichkeiten im Schwarzwald, vom Anfänger- bis hin zum Expertenniveau. Wanderer sollten den steilen Anstieg nicht scheuen, aber vor allem trittsicher und schwindelfrei sein, möchten sie die Anhöhe und die Überreste der Burg Falkenstein erkunden.

Die Doppelburg Falkenstein samt Unter- und Oberburg wurde auf Felsspornen errichtet. Von der unteren Anlage ist nur wenig erhalten geblieben, das Moos wirft langsam seinen grünen Mantel über und bedeckt die Steine. Der obere Burgenbau hingegen bietet noch eine Vielzahl an beeindruckenden Mauern. Hoch auf dem Granitfelsen aufgerichtet, verlängert seine schlanke Silhouette den Sporn. Kein Wunder, dass man hier auf dem alpin anmutenden Terrain die Burg Falkenstein erbaut hat. Es ist schwer vorstellbar, dass Angreifer sie einnehmen konnten. Und doch wurde sie Ende des 15. Jahrhunderts in einem Gefecht zerstört. Welch körperliche Anstrengung muss das gewesen sein! Seitdem liegt sie fast vergessen im Wald, man trifft lediglich einige Kletterer an.

Ein steiler Aufstieg zur Burg

BERNAUER ZAUBERWALD IM TAUBENMOOS 01

BERNAU

Sonnenstrahlen brechen zwischen den Tannennadeln hindurch und tropfen auf den satten Waldboden. Märchenhaft präsentiert sich die Hochmoorlandschaft Taubenmoos. Fast erwartet man eine Elfe, die auf einem Baumstamm sitzt, die Füße im plätschernden Wasser badend. Der Bernauer Zauberwald birgt eine verwunschen wirkende Pflanzenwelt, die man auf einem kurzen Rundweg entdecken kann. Ein Holzsteg führt auf 2,5 Kilometern durch den naturbelassenen Fichtenwald mit seinen üppigen Moospolstern, begleitet von einem Moorbächlein, das sich malerisch entlangschlängelt. Später erwartet eine offene Landschaft mit ihrer lichten Vegetation die Besucher. Entstanden ist dieses Moor über Jahrtausende und beherbergt eine einzigartige Fauna und Flora. Sumpf-Herzblatt, Wollgras und Arnika blühen entlang des Pfades, während sich der seltene Hochmoorgelbling schwebend über den Pflanzen erhebt. Der farbenprächtige Schmetterling glänzt in Zitronengelb mit einer schwarzen Umrandung. Seine Raupen ernähren sich ausschließlich von den Blättern der Rauschbeere, die im Zauberwald gedeiht.

Das Taubenmoos ist nicht nur für große Naturliebhaber ein Augenschmaus. Auch an die Kleinen wurde gedacht, damit der Besuch der Moorlandschaft für sie ein wunderschönes Erlebnis wird. Über den Holzsteg gehen, ins *Hexenhüttle* spähen, einem Wasserrad bei seinem unendlichen Lauf zusehen und ein hölzernes Pilzdorf erkunden – das ist nur eine Auswahl an Möglichkeiten, die der Zauberwald bietet.

Sagenumwoben ist das Moorgebiet. Vor langer Zeit sollen Mönche hier ein unsittliches Leben in ihrem Kloster geführt haben: Haltlos aßen sie, gierig soffen sie und feierten ausschweifende Feste. An einem hohen kirchlichen Festtag sollen sie es besonders wild getrieben haben. Da erhob sich ein fürchterliches Donnergrollen und Blitze zuckten über dem Kloster. Mit einem letzten mächtigen Beben zerfiel das Gebäude, für die Ewigkeit versunken im Moor. Von dem einstigen Trubel ist heute nichts mehr zu spüren. Eine meditative Ruhe umhüllt den Zauberwald.

Direkte Anfahrt

Zwischen Bernau und Todtmoos gelegen, direkt an der L 146. Ein großer Parkplatz ist vorhanden.

Wandertipp

Nicht nur für Kinder sehr zu empfehlen ist der Bernauer Zauberwaldpfad (2,5 Kilometer), der nach dem Pavillon beginnt.

Kurzlink

out.ac/IsEza

Der Zauberwald beflügelt unsere Fantasie

SCHWENNINGER MOOS 02

VILLINGEN-SCHWENNINGEN

Eine Poesie der Natur. Inmitten besiedelter Flächen und Industriegebiete eröffnet sich eine unwirkliche Märchenlandschaft, ein Naturidyll im Zwischendrin, zwischen dem Schwarzwald und der Schwäbischen Alb, zwischen Villingen, Schwenningen und Bad Dürrheim. Der Kontrast könnte nicht spektakulärer sein.

Kaum hat man das Stadion am Ortseingang von Schwenningen hinter sich gelassen, betritt man im Schwenninger Moos eine völlig andere Welt. Die magische Welt des Moors, geboren aus der Tiefe des Wassers. Abgestorbene Bäume erheben sich aus dem Schilf und recken ihre nackten Arme in den Himmel. Gräser, die sich sanft im Wasser wiegen und eine Spiegelung malen. Oder sind das alles Feerien? Vor allem bei trübem Wetter oder frühmorgens, wenn der Nebel über dem Wasser steht, zeigt sich die Moorlandschaft wunderbar weltentrückt. Es würde nicht verwundern, würde sich eine Moorgestalt zeigen. Doch die Quakkonzerte und Trillerduette lassen uns glauben, dass die Landschaft real ist – selbst für unsere Ohren ist ein Spaziergang durch das Moor ein Hochgenuss. Vom Holzsteg und vom Pfad aus kann man erleben, welch wertvolles Habitat sich vor unseren Augen entfaltet. Das war nicht immer so.

Wie viele andere Moore hat auch das Schwenninger unter der Torfgewinnung und der Brennstoffknappheit in Krisenzeiten gelitten. Über 200 Jahre lang wurde das mächtige Torflager abgebaut. Der Wasserspiegel sank, das Moor vertrocknete und eine zunehmende Bewaldung setzte ein. Aber schützende Hände haben Anfang der 80er-Jahre die ersten Schritte zur Rettung des Naturidylls unternommen. Es wird noch viele Generationen dauern, bis sich der mächtige Torfkörper zurückbildet, denn er wächst langsam. Nur einen Millimeter pro Jahr. Doch die Zeichen stehen gut.

Direkte Anfahrt

Von Bad Dürrheim auf der B 27 Richtung Schwenningen fahren. Auf der linken Seite befindet sich das Stadion. Dort ist auch ein Parkplatz.

Wandertipp

Der Weg (3 Kilometer) um das Schwenninger Moos umrundet das Naturparadies, einfach der Beschilderung folgen. Er ist kinderwagentauglich und führt teils über Bohlen. Dieser kurze Weg ist auch Teil der längeren Wanderroute, die unter anderem auf den Schwenninger Geschichts- und Naturlehrpfad führt.

Kurzlink

out.ac/SBpgO

Inmitten einer industriegeprägten Landschaft erstreckt sich das Schwenninger Moos

SCHLIFFKOPF 03

BAIERSBRONN, SEEBACH UND OPPENAU

Urwüchsig und rau, so präsentiert sich der »kahle Kopf« im Nordschwarzwald, auch Grinde genannt. Auf der fast baumlosen Fläche des Schliffkopfes wachsen bodennah Heidekräuter, Gräser und Binsen. Nur ab und an verirrt sich eine Latschenkiefer oder eine Vogelbeere in die raue Grindenlandschaft. Sie ist ein wertvolles Habitat für viele seltene Pflanzen und Tiere wie zum Beispiel die bedrohte Kreuzotter, die die Sonnenwärme auf der waldfreien Fläche schätzt. Die skandinavisch anmutende Wildnis des Schliffkopfes ist zum großen Teil durch menschlichen Einfluss entstanden. Bereits vor Jahrhunderten wurden die Hochlagen im Schwarzwald gerodet, um zusätzliche Weideflächen zu schaffen. Im Sommer grasten auf den Hochweiden Rinder- und Ziegenherden, die den Boden verdichteten. In Kombination mit den hohen Niederschlägen und den geologischen Voraussetzungen hat sich diese einzigartige Grindenlandschaft gebildet. Mit ein bisschen Glück wird man noch heute von friedlich grasenden Schafen begrüßt.

Der kurze Weg vom Parkplatz bis zum 1.055 Meter hohen Gipfel und die flache Steigung machen den Schliffkopf zu einem einfach zu entdeckenden Ziel. Oben warten mehrere Bänke auf die Besucher. Eine Aussichtsplattform samt Tafel gibt Auskunft über die umliegenden Berge. Bei klarem Wetter eröffnen sich Fernblicke bis zu den Alpen, die in der Morgenröte am fernen Horizont leuchten. Besonders stimmungsvoll ist die Heidelandschaft auch in der Abenddämmerung, wenn die untergehende Sonne die Gräser und das Heidekraut in einem goldenen Licht erstrahlen lässt. Eine fast surreale Stimmung, nur getrübt durch die nahe Bundesstraße.

Direkte Anfahrt

Der Schliffkopf liegt zwischen Ruhestein und Zuflucht an der B 500. Vor Ort befindet sich ein großer Parkplatz.

Wandertipp

Vom Schliffkopf über den 1.000-Meter-Weg zum Ruhestein und zurück – 10,5 Kilometer Wandergenuss.

Kurzlink

out.ac/aBHhB

Magische Stimmung am kahlen Kopf im Nordschwarzwald

HOCHMOOR KALTENBRONN 04

GERNSBACH-KALTENBRONN

Berauschend schön und mystisch, aber auch stark frequentiert und überlastet. Das Hochmoor Kaltenbronn zieht viele Besucher an. Ein fragiles Naturparadies, das uns verzaubert und gleichzeitig unwirklich erscheint. Begeben wir uns auf den Bohlenweg, der durch das Moor führt, ist es, als hätten wir ein Tor zu einer geheimen Welt geöffnet.

Doch wie bildet sich ein Hochmoor? Im Gegensatz zum Niedermoor, das über Grundwasser gespeist wird, wird ein Hochmoor nur mit Niederschlägen versorgt. Ein nasses Milieu, saurer Boden und sauerstoffarme Bedingungen sind die Grundlagen für eine Torfbildung. Und natürlich das langsame Verrotten von Pflanzen: Während Torfmoose nach oben stets weiterwachsen, sterben die unteren Pflanzenteile aufgrund des Sauerstoffentzugs ab und Torf entsteht. Torfmoose sind die Meister der Moore und wahre Überlebenskünstler, die in den sauren Böden gedeihen. Kommt es zu einer Trockenzeit, leben sie auf Sparflamme, um dann bei Niederschlägen das Nass aufzusaugen und zu speichern. Wie ein Schwamm können sie ein Vielfaches ihres Trockengewichts an Wasser aufnehmen. Auch andere Pflanzen und sogar Tierreste finden sich in der Torfmasse, nur teilweise zersetzt, denn das saure Dunkel der Erde konserviert. So sind Moore auch ein Spiegel vergangener Zeiten. Tausende von Jahren benötigt das Moor, um sich zu entwickeln, denn es wächst in der Regel nur einen Millimeter pro Jahr. Die Torfmächtigkeit in Kaltenbronn liegt bei acht Metern.

Wir begleiten das Moor nur ein Menschenleben lang. Seine Wurzeln reichen weit in die Vergangenheit zurück und sollen auch in Zukunft weiterwachsen. Daher ist es wichtig, auf dem Bohlenweg zu bleiben und die Enten nicht zu füttern: Ihr Kot verunreinigt das sensible Ökosystem. Wenn wir mit Ehrfurcht das Moorparadies auf dem Kaltenbronn betreten, werden auch die Generationen nach uns diesen Zauber spüren dürfen.

Direkte Anfahrt

Das Hochmoor Kaltenbronn befindet sich zwischen Gernsbach und Enzklösterle. Parken kann man am Infozentrum Kaltenbronn.

Wandertipp

Eine Rundtour (14,2 Kilometer), die ins Herz geht. Aufgrund des fragilen Ökosystems sollte man unbedingt auf den ausgewiesenen Pfaden bleiben.

Kurzlink

out.ac/zZP4

Stillleben im frostigen Winter

WÜRZBACHER MOOR 05
OBERREICHENBACH

Mit wenigen Worten ausgedrückt: Wir befinden uns hier in Klein-Schweden inmitten von Groß-Schwarzwald, und das völlig unverhofft. Denn zunächst wartet am Parkplatz ein klassischer, dichter Tannenwald auf Wanderer. Ein breiter Weg führt in das Moorgebiet und fast macht sich Enttäuschung breit: Das soll das versprochene Kleinod sein? Doch dann zweigt ein kleiner Pfad in das dichte Grün ab. Von da an wandelt sich mit jedem Schritt das Waldbild. Ein lichter Kiefernwald mit Heidelbeersträuchern erscheint, um in einen Birkenmoorwald mit seiner eigenen Krautschicht zu münden, bestehend aus Torfmoosen, Heidel-, Preisel- und Rauschbeeren. Die Baumstämme leuchten braun, rötlich und weiß. Mit etwas Fantasie sehen sie aus wie Mikadostäbchen, die sich gen Himmel recken. Berauschend schön.

Im Moor lebt es sich nicht leicht: Das feuchte und saure Milieu ist nur für Überlebenskünstler geeignet. Besondere Moose, Gräser, Insekten und Schmetterlinge leben hier in einem geschützten Habitat: das bauschige Wollgras, die Arktische Smaragdlibelle und die Bergwald-Bodeneule, ein großer Nachtfalter, der bevorzugt in Heidelbeerwäldern und Mooren zu Hause ist. Sein Zweitname verrät schon fast alles: Heidelbeer-Moorheiden-Erdeule.

Seit 1937 steht das Würzbacher Moor unter Naturschutz und ist seit 1970 ein Bannwald. Ein 63 Hektar großes Idyll. Das war nicht immer so. In Notzeiten wurde hier immer wieder Torf abgebaut, der getrocknet ein billiges Brennmaterial war. Torfstiche erfolgten in der Zeit zwischen 1838 und 1947. Seitdem ruht das kleine Naturreservat und wird nur ab und an von einem Wanderer gestört, wenn er es findet …

Direkte Anfahrt

Von Oberreichenbach in Richtung Würzbach fahren. Einen Kilometer vor dem Ortseingang befindet sich ein kleiner Wanderparkplatz mit einem Hinweisschild.

Wandertipp

Wer Kultur und Natur verbinden möchte, begibt sich auf die 12,7 Kilometer lange Tour. Start ist am Forsthaus in Oberreichenbach, alternativ kann man auch am Kloster Hirsau beginnen.

Kurzlink

out.ac/JujaX

Eine Strichzeichnung der Natur

URSEEMOOR 06
LENZKIRCH

Direkte Anfahrt
Beim Windgfällweiher an der B 500 in die Raitenbucher Straße einbiegen und Richtung Lenzkirch fahren. Das Moorgebiet liegt auf der rechten Seite kurz vor Lenzkirch.

Wandertipp
Der Rundweg um das Moor ist 6,2 Kilometer lang. Der Start befindet sich am Wanderparkplatz an der K 4990.

Kurzlink
out.ac/dZp7V

Ein breites Tal öffnet sich vor unseren Augen. Rundherum nur Wiesen, in denen die Wildblüten bunte Kleckse malen. Und mittendrin ein verwunschenes Moor, das den kleinen Ursee fest umschließt. Ein verborgenes Refugium, das man nur von außen betrachten darf. Das Betreten des Paradieses ist verboten. Seit 1940 steht das Gebiet unter Naturschutz, damit die fragile Schönheit erhalten bleibt.

Der Ursee ist ein typischer Moorsee, entstanden in der letzten Eiszeit. Als sich der Feldberggletscher immer weiter zurückzog, bildete sich eine Moräne als natürlicher Damm, der das Wasser aufstaute. Seit seinem Durchbruch schrumpft der Ursee. Die heutige Wasserfläche beträgt nur noch 0,3 Hektar und liegt im Geheimen, umsäumt von Bäumen und Sträuchern. Empfehlenswert ist der sechs Kilometer lange Rundweg, der um das Moorgebiet führt. Von dort aus kann man von Weitem immer wieder auf den Ursee und die Moorvegetation blicken. Lautes Geschnatter und Vogelgezwitscher begleiten die Schritte. Die Tiere fühlen sich hörbar wohl.

Um das Ufer des Sees hat sich eine typische Moorvegetation gebildet. Ein sumpfiges Gebiet, das Leben verschluckt und wieder schenkt. Gräser wachsen im Wasser, Heide- und Moosgewächse breiten sich aus, Schwarzerlen und Birken ragen aus dem Moor. Der Ursee ist auch die Heimat der Kleinen Teichrose, einer Wasserpflanze, die sich in kühlen und sauren Milieus wohlfühlt. Ihre gelben Blütenköpfe sehen aus wie Butterblumen, die im Wasser schwimmen. Eine so vielfältige Flora zieht auch eine Fülle an Falterarten an, die man in gedüngten und bewirtschafteten Gebieten nicht mehr vorfindet.

Mehrere Bäche speisen den Ursee, der Urseebach wiederum fließt aus dem See nach Lenzkirch und von dort in die Haslach. Nahe dem Rechenfelsen vereinen sich Haslach und Gutach zur berühmten Wutach mit ihrer spektakulären Schlucht.

Ein Kleinod, das im Verborgenen liegt

HOCHMOOR AUF DER HORNISGRINDE 07

SEEBACH

Ein Hochmoor auf einem Gipfel, das ist schon ungewöhnlich. Meistens befinden sich diese besonderen Habitate in verlandeten Seen oder Senken. Doch gleich mehrere Faktoren haben die Bildung eines Hochmoors hier ermöglicht. Während im Südwesten die Sonne lacht, verwöhnen häufige Niederschläge die Hornisgrinde. Auf dem regenreichen und breiten Plateau staut sich das Wasser und kann nur langsam versickern. Undurchlässige Schichten aus Ton verhindern eine schnelle Infiltrierung. Eine für Hochmoore angepasste, feuchte Vegetation beginnt zu wachsen. In dem sauerstoffarmen, sauren Milieu bildet sich allmählich Torf, der aus Pflanzenresten und Samen besteht. Auch tierische Reste finden sich hier, denn das Moor verschlingt, was liegen bleibt. Die Bestandteile verrotten nur sehr langsam und nicht vollständig in der dunklen Erde. An seiner tiefsten Stelle hat das Moor eine Torfmächtigkeit von bis zu fünf Metern. Aus diesem Gedächtnis der Natur kann man die vegetationsgeschichtliche Zusammensetzung der letzten Jahrtausende ablesen wie aus einem Bilderbuch. Wir erkennen, welche Pflanzen wann dominierten. Ein wertvolles Naturgut, das uns hilft, unsere Vergangenheit und unser Klima besser zu verstehen.

Ein hölzerner Pfad führt durch die raue Vegetation des Hochmoors. Schaut man genau hin, entdeckt man von ihm aus den rundblättrigen Sonnentau, eine filigrane Schönheit mit roten Tentakeln, die gerne Fliegen verspeist. Die ungewöhnliche Pflanze gedeiht oftmals am Wegesrand, denn sie schätzt das Helle. Ihre in der Sonne leuchtenden Tautropfen verwechseln die Fliegen mit einer potenziellen Beute und bleiben am klebrigen Sekret hängen. Torfmoose, Gräser und Heidegewächse malen das Moor, im Hintergrund stehen kleinwüchsige Bergkiefern wie knorrige Gestalten. Eine Landschaft voller Geheimnisse.

Direkte Anfahrt

Ausgehend vom Mummelsee an der Schwarzwaldhochstraße B 500 ist das Hochmoor gut zu erreichen. Ein großer Parkplatz ist vor Ort.

Wandertipp

Der Grindenpfad (6,7 Kilometer) beginnt am Seibelseckle mit guten Parkmöglichkeiten. Der Weg verbindet die Umrundung des Mummelsees mit dem Grindenpfad.

Kurzlink

out.ac/ZAJCc

Die geheimnisvolle Welt der Moore – auf dem Grindenpfad dramatisch in Szene gesetzt

HINTERZARTENER HOCHMOOR

HINTERZARTEN

08

Der größte Moorkomplex des Schwarzwalds befindet sich gut zugänglich mitten in der Gemeinde Hinterzarten, direkt am Bahnhof. Einfacher kann man ein Moor nicht besichtigen. Der gut angelegte Pfad führt um das Naturparadies herum, der Moorweg mit seinem Holzsteg durchquert die feuchte Landschaft. Insgesamt sind es rund 70 Hektar Naturschutzgebiet mit einer vielfältigen Fauna und Flora zu erkunden. Sofort fallen die vielen gekippten Bäume und die großen Wurzelteller auf, die in die Höhe ragen. Ein kurzes Innehalten im Leben, denn das Totholz und die Wurzelwände sind schnell besiedelt.

Der hohe Wasserspiegel im Torf bewirkt, dass die Pflanzen leicht an das kostbare Nass kommen und ihr Wurzelgeflecht daher flach verläuft. In dem sauren Milieu dringen sie nicht tief in die Erde. Dadurch ist ihre Standfestigkeit geringer. Ein lichter Kiefernwald im Oberwuchs und viele Moorsträucher im Unterwuchs besiedeln diese unwirtlich wirkende Landschaft. So zum Beispiel die Rauschbeere mit ihren blauen Früchten. Ihre Blätter sind die einzige Nahrungsquelle der Raupen des Moorgelblings. Eine zarte Schönheit und heute leider eine große Seltenheit. Weitere typische Pflanzen dieses Habitats sind die Wollgräser: das seidige Wollgras mit aufrechtem Köpfchen und das schmalblättrige Wollgras mit hängendem Wattebausch, das sich eher im Randgebiet des Moors findet, da es höhere Nährstoffansprüche hat. Eine detaillierte Tafel informiert über die weiteren Bewohner des Naturschutzgebietes, Überlebenskünstler, die sich dem besonderen Milieu angepasst haben. Alle fein aufeinander abgestimmt und Glieder einer Lebenskette.

An den Randzonen des Moors stehen einige riesige Fichten, stark verastet, mit einem beachtlichen Durchmesser. Sie wirken wie Wächterinnen dieses sensiblen Ökosystems.

Direkte Anfahrt

Das Hochmoor befindet sich direkt hinter dem Bahnhofsgebäude. Parken kann man am Bahnhof.

Wandertipp

Die Umrundung des Hochmoors erfolgt auf einem flachen und barrierefreien Pfad (knapp 3,8 Kilometer).

Kurzlink

out.ac/3midG

Tot und doch voller Leben

FELDSEEMOOR 09

FELDBERG

Die höchste Erhebung des Schwarzwalds, ein tiefer Eiszeitsee, ein urwaldähnlicher Bannwald – und zusätzlich ein Moorgebiet, das das einzigartige Gebiet komplettiert. Die vielschichtige Landschaft um die Region Feldberg bietet eine unglaubliche Bandbreite, um in die Natur einzutauchen, und ist weitaus mehr als nur ein großes Freizeitamüsement. Das Feldseemoor, in unmittelbarer Nähe des Feldsees gelegen, wird vom Seebach durchflossen, der schließlich in den Titisee mündet.

Das Feldseemoor ist ein stiller Geselle, Zeuge der Vergangenheit und eine Ruheinsel urwüchsiger Natur inmitten eines stark frequentierten Gebiets. Am Ende der vorigen Eiszeit, vor ungefähr 12.000 Jahren, glitzerte hier an diesem Fleckchen Erde noch ein flacher See, der in den letzten Jahrhunderten allmählich verlandete und weitestgehend austrocknete. Übrig blieb ein nasser Schwamm, ein Moor mit seiner eigenen Vegetation und Fauna. Ein Torflager, das riesige Mengen Kohlenstoff in seinem Inneren verschließt. Doch Moore können viel mehr. Sie sind ein Speicherplatz wichtiger Daten: Moore schlucken und konservieren unter anderem Pflanzenpollen über Jahrtausende und sind daher ein lebendiges vegetationsgeschichtliches Archiv. Dank ihnen können wir tief in die Vergangenheit blicken. Sie sind unser landschaftliches Gedächtnis und verraten uns indirekt, wie unsere Vorfahren lebten.

Das Moorgebiet unterhalb des Feldbergs beherbergt neben Birken und Spirken, auch Moorkiefern genannt, etwa das lila blühende Knabenkraut, eine auf Feuchtwiesen gedeihende, prachtvolle Orchideenart. Außerdem fühlt sich das bauschige Wollgras hier wohl, wie zartweiße Wölkchen bedeckt es das Feldseemoor.

Direkte Anfahrt

Von der B 317 kommend ist das große Parkhaus »Feldberg« ausgeschildert.

Wandertipp

Auf 13 Kilometern führt diese Rundwanderung zur Feldbergspitze, am Sägebach-Wasserfall und Feldsee vorbei, beginnend am Parkhaus »Feldberg«.

Kurzlink

out.ac/eCzBP

Wie Zuckerwatte erscheint das bauschige Wollgras

IBACHER KLUSENMOOR 10

IBACH

Der südöstliche Teil des Schwarzwalds, der Hotzenwald, ist das Land der unendlichen Weite und der vielen Moore, ein dichtes Netz an einzigartigen Schutzräumen, das zum Naturschutzgebiet »Kirchspielwald-Ibacher Moos« mit einer Gesamtgröße von rund 568 Hektar gehört. Eines dieser Moore ist das Ibacher Klusenmoor südlich von Ibach. Allein bei der Anfahrt gerät man in Verzückung: ein Hochtal, von einem Gletscher modelliert und mit einer hübschen Kirche ganz am Ende der Welt, zumindest gefühlt. Wir befinden uns im malerischen Unteribach.

Von dort gelangt man in das Gebiet des Ibacher Klusenmoors, eine vielgestaltige Moorlandschaft, umarmt vom Ibach und Winkelbach. Allerdings entspricht der erste Anblick zunächst nicht unserer Vorstellung: Vor allem im nördlichen und südlichen Teil stehen relativ dichte Fichtenbestände. Doch wer genau hinschaut, entdeckt in der Landschaft eine große Artenvielfalt, insbesondere im Kern des Gebiets, in dem ein Hochmoorkörper mit Bergkieferbeständen liegt. Im Herzen finden sich die Reste einer alten Klusenmauer, einem Stein- und Erddamm, mit dem der Winkelbach bis in das 19. Jahrhundert gestaut wurde, um für die Flößer den Transport der Holzstämme zu erleichtern. Sumpfige Niedermoore, naturnahe Wälder mit beachtlichem Totholzbestand und lichter Vegetation, bunte Magerwiesen und dichte Borstgrasrasen gesellen sich zum Moor rund um Ibach und bilden ein einzigartiges Naturmosaik, ein Geflecht an Ruheinseln in unserer intensiv genutzten Landschaft. Und ein Reservat für eine außergewöhnliche Tierwelt.

Direkte Anfahrt

Von Ibach kommend in Richtung Dachsberg fahren. In Unteribach kann man an der Kirche parken.

Wandertipp

Der Ibacher Panoramaweg (knapp 12 Kilometer) ist empfehlenswert und führt an den schönsten Ecken der weitläufigen Gemeinde vorbei. Er beginnt am Wanderparkplatz Kohlhütte bei Oberibach.

Kurzlink

out.ac/kUUp

Eine der vielen Moorlandschaften rund um Ibach

LOTHARPFAD 01
BAIERSBRONN

Direkte Anfahrt
Der Startpunkt liegt an der B 500, zwischen Ruhestein und Zuflucht. Ein großer Parkplatz befindet sich direkt vor Ort.

Wandertipp
Keinen Kilometer lang und doch berauschend schön – der Lotharpfad.

Kurzlink
out.ac/PTIZ

Am zweiten Weihnachtsfeiertag 1999 wütete das Orkantief Lothar mit über 200 Stundenkilometern über dem Schwarzwald und richtete in nur zwei Stunden ein Meer der Verwüstung an. Wo vorher noch ein dichter Wald stand, lag auf einmal ein wildes Chaos zu unseren Füßen. Das Waldbild war nachhaltig gestört, nichts war mehr wie zuvor. Was tun mit dieser Unendlichkeit an zerstörten Freiflächen?

Anstatt die umgestürzten Bäume aufzuräumen und wieder aufzuforsten, wurde beschlossen, rund um das Gebiet des Lotharpfads nicht einzugreifen und dafür der Natur freien Lauf zu lassen. Ein mutiger Schritt zu damaligen Zeiten. Heute, mehr als zwei Jahrzehnte später, können wir erleben, wie sich Pflanzen und Tiere in dem Bannwald entwickeln, wenn der Mensch sich zurückhält und nur stiller Beobachter ist.

Langweilig wird es auf dem Lotharpfad nicht, schließlich führt er über hölzerne Stege, Leitern und Treppen durch die wilde Schönheit dieses Ortes. Doch die eigentliche Inszenierung hat die Natur übernommen: Dramatisch erzählt sie uns, dass der Tod nur ein kurzes Innehalten bedeutet. Abgestorbene Bäume sind als neue Wohnstuben von Ameisen, Käfern und anderen Insekten schnell besiedelt. Entrissene Wurzelteller schenken essenzielle Lebenssäfte. In ihrem Schatten gedeihen zum Beispiel junge Birken mit ihren weiß leuchtenden Stämmen und Ebereschen mit ihren roten Früchten, die die Vögel anlocken. Der Anfang einer neuen Lebenskette. Moose, Flechten und Heidekräuter gesellen sich zu der reichen Flora und malen eine bunte Bodenvegetation.

Der Lotharpfad ist nur ein kurzer Ausflug auf hölzernen Stegen, doch man erlebt hautnah das Mysterium der wilden Natur.

Die wild wachsende Natur auf dem Lotharpfad erleben

BANNWALD WILDSEE 02

BAIERSBRONN-RUHESTEIN

Direkte Anfahrt
Direkt an der B 500 am Ruhestein und Besucherzentrum Nationalpark Schwarzwald gelegen.

Wandertipp
Schöne Rundtour (knapp 10 Kilometer), die am Nationalparkzentrum beginnt, durch den Bannwald führt und einen herrlichen Blick auf den Wildsee bietet.

Kurzlink
out.ac/wbadM

Eine Landschaftskomposition, die nicht vielseitiger sein könnte: urwüchsige Bergmischwälder und nährstoffarme Sandsteinböden, wasserspeichernde Torfmoore und lichtdurchflutete Grinden, geheimnisvolle Karseen und kahle Blockhalden. Und sie ist bunt: lila blühende Heiden, dunkelblaue Heidelbeeren und orange leuchtende Vogelbeeren. Im Nationalpark Schwarzwald kann man die facettenreiche Wildnis in ihrer ganzen Schönheit erleben. Und mittendrin ein über hundert Jahre alter Bannwald, der älteste in Baden-Württemberg.

Bereits 1911 wurde zunächst eine 75 Hektar große Fläche rund um den Wilden See unter Schutz gestellt und später auf 150 Hektar erweitert. Seitdem darf sich die Natur frei entfalten, ohne menschliches Zutun. Die Natur als Akteur, der Wanderer als bloßer Zuschauer. Das ist ein großes Glück, denn hier kann man eine beachtliche biologische Diversität erleben, die andernorts teils verschwunden ist. Der hohe Totholzbestand lockt eine unglaubliche Bandbreite an Holzkäferarten an, die wiederum sind ein schmackhafter Leckerbissen für Raubtiere und Greifvögel. Zudem profitieren zahlreiche Brutvogelarten vom reichhaltigen Angebot an langsam verrottenden Baumstümpfen, die in den Himmel ragen. Ein lang verschwundener Wiederkehrer ist der seltene Dreizehenspecht. Mit seinem schwarzweißen Gefieder ähnelt er dem Buntspecht, allerdings ohne die rötliche Färbung. Dafür haben die Männchen des Dreizehenspechts eine gelbe Haube. Auch eine große Vielfalt an Flechten, Moosen und Pilzen fühlt sich im Bannwald wohl. Wie Bärte schmücken die Flechten die Äste der Nadelbäume, während die Pilze die abgestorbenen Bäume in ihre Grundbausteine zerlegen und die Wachstumsgrundlage für ein Morgen schaffen. Für einen neuen Urwald in einem fragilen Naturparadies.

Abgestorbene Bäume – Lebensraum für Neues

GROSSVATERTANNE MIT ZWEI GROSSTANTEN 03

FREUDENSTADT

Die drei mächtigen Weißtannen im dunklen Wald von Freudenstadt sind Zeugen einer anderen Zeit. Die Königin der Nadelbäume fühlt sich hier besonders wohl, wo Bodenbeschaffenheit, Niederschlag und Luftfeuchtigkeit optimal ihren Bedürfnissen entsprechen.

Die heimische Weißtanne ist die Charakter-Nadelbaumart des Schwarzwalds und symbolisiert wie keine andere unsere einzigartige Region. Kerzengerade und hochgewachsen, lässt ihr ausladendes Nadeldach nur wenig Licht auf den dunklen Waldboden hindurch. Doch viele der einst stolzen Riesen sind den baumfressenden Gewerben zum Opfer gefallen. In Zeiten der Flößerei und Köhlerei, der Glashütten und Bergwerke wurden große Mengen an Holz gierig verschlungen, bis weite Flächen des Schwarzwalds nahezu baumlos waren. Der Schwarzwald hatte sein grünes Gold verloren. Erst dann erfolgte eine massive Aufforstung mit der schnell wachsenden Fichte. So sind die Prachtexemplare zwischen Freudenstadt und Loßburg heute eine Seltenheit.

Die Keimungsjahre der drei Weißtannen wurden um 1700 datiert. Die Großvatertanne überragt mit einer Höhe von 47 Metern ihre zwei Freundinnen, die nur einen Steinwurf entfernt stehen. Mit einem Stammumfang auf Brusthöhe von weit über fünf Metern benötigt man viele Arme, um sie zu umfassen. Allein die beeindruckenden Verzweigungen am Boden lassen erahnen, wie tief ihr Wurzelwerk sein muss. Schaut man genau hin, so erkennt man eine Besonderheit der Weißtanne: Die auf der Erde liegenden Schuppen sind ihre zerfallenen Zapfen. Sie wachsen aufrecht im Geäst und fallen in luftiger Höhe auseinander. Sehen wir auf dem Waldboden einen intakten Zapfen, so handelt es sich nicht um die Frucht der Weißtanne. Und so sind die stillen Riesen nicht ganz so schweigsam. Sie können uns viele Geschichten erzählen, wenn wir aufmerksame Zuhörer sind.

Direkte Anfahrt

An der B 28, am Ortsausgang von Freudenstadt Richtung Kniebis, befindet sich ein Parkplatz. Von dort aus führt ein Wanderweg zu den Tannen.

Wandertipp

Eine schöne Erkundung ohne viele Höhenmeter bietet der Wanderweg (6,4 Kilometer), der am Parkplatz Teuchelweg startet.

Kurzlink

out.ac/RKeX

Die grüne Botschafterin des Schwarzwalds: die Weißtanne

BANNWALD ZWERIBACH 04

SIMONSWALD, SANKT MÄRGEN UND SANKT PETER

Eine Symbiose aus Silber-, Braun- und Grüntönen, drei Farben in vielen Nuancen, die die Landschaft im Bannwald Zweribach malen. Silbern leuchten die Stämme der vielen Buchen, die sich vom Winterwald abheben, braun schimmert der feuchte Boden, bedeckt von den Blättern der Laubbäume, der Humus von morgen, grün glänzen die Granitblöcke, die das Moos mit seinem Mantel bedeckt. Der Bannwald von Zweribach erinnert an eine Feenlandschaft, verwunschen, wild und abgeschieden erstrahlt er in seiner natürlichen Schönheit. Perfektioniert wird das Bild vom Zweribach und Hirschbach, zwei temperamentvollen Wasserläufen, die sich über viele Kaskaden in das Simonswälder Tal ergießen. Wald und Wasser, grün und nass, in herrlicher Einsamkeit.

Um den Bannwald zu erwandern, ist Trittsicherheit erforderlich, schließlich geht es bei starkem Gefälle häufig über Stock und Stein. Quer liegende Baumstämme versperren immer wieder den Weg. Wie ein Hindernisparcours präsentiert sich der Bannwald Zweribach. An Regentagen ist seine Begehung nicht zu empfehlen, denn dann ähneln die Pfade einer Rutschpartie, und das auf steilen Hängen. Der 76 Hektar große Naturraum liegt nördlich der Gemeinde Sankt Märgen und westlich von Sankt Peter auf einem stark abfallenden Terrain. Seit über 50 Jahren ist die Fläche als Bannwald ausgewiesen und birgt eine unberührt anmutende Vegetation. Lässt man sich Zeit, so kann man hier hautnah erleben, wie Tiere, Pflanzen und Pilze miteinander verwoben sind und wie der Zerfall die Grundlage für Neues schafft. Eine riesige Versuchsfläche, auf der Flora und Fauna ohne menschlichen Einfluss wild gedeihen dürfen.

Direkte Anfahrt
Vom Zentrum in Sankt Märgen führt der ausgeschilderte Weg zur restaurierten Rankmühle und von dort in den Bannwald.

Wandertipp
Durch den Bannwald leitet der Wanderweg (12,2 Kilometer) zum Zweribacher Wasserfall.

Kurzlink
out.ac/PhUt

Moosbedeckte Granitblöcke

BANNWALD BÄRLOCHKAR 05

ENZKLÖSTERLE

Direkte Anfahrt

Südlich von Enzklösterle im Rohnbachtal gelegen. Ein großer Wanderparkplatz befindet sich vor Ort.

Wandertipp

Auf der kurzen Rundtour (3,4 Kilometer) den Bannwald entdecken.

Kurzlink

out.ac/3PkIM

Ein Bannwald mit einem bedeutungsvollen Namen befindet sich in der Nähe von Enzklösterle im Nordschwarzwald. Die Worte »Bärloch« und »Kar« erinnern den aufmerksamen Wanderer an Geschichten aus längst vergangenen Zeiten, als in dieser Region noch Braunbären lebten und sich für ihren Winterschlaf in Höhlen zurückzogen. Das muss mehr als 400 Jahre her sein, denn der letzte Braunbär des Schwarzwalds soll im Jahre 1585 erschossen worden sein. Kare bildeten sich in der letzten Eiszeit, als sich Hängegletscher in den Felsuntergrund hobelten. In diesen Mulden entstanden Seen, die im Bärlochkar jedoch verlandet sind.

Seit 1993 darf der Urwald der Zukunft ungestört wachsen – in diesem Naturreservat wird kein Baum mehr gefällt und kein Totholz mehr beseitigt. Alles bleibt sich selbst überlassen. Der Wanderer ist nur noch Zuschauer. Und Zuhörer. Denn ein melodiöses Vogelkonzert lädt zum Innehalten ein: vom zarten Pfeifen der Tannenmeise über den Gesang des Fichtenkreuzschnabels bis zum energischen Hämmern des Schwarzspechts. Eine große Vogelschar ist hier im Bärlochkar vertreten. Der Bannwald setzt sich vorwiegend aus Fichten und Weißtannen zusammen, dazwischen stehen einzelne Buchen, Kiefern und Lärchen. Fast scheint es, als hätten sich die Bäume geschmückt. Flechtenbärte hängen wie silbergrünes Lametta von den Ästen herab und verstärken den urwaldähnlichen Eindruck.

Informationstafeln geben Auskunft über den Nutzen des Bannwaldes. So erfährt man zum Beispiel, dass ein nicht bewirtschafteter Wald zu einem Drittel aus Totholz besteht, eine wichtige Lebensgrundlage für Hunderte von Käfer- und Pilzarten. Ganz anders sieht es in einem Wirtschaftswald aus, bei dem der Totholzanteil nur wenige Prozent beträgt. Der Bärlochkar, ein schöner und lehrreicher Ausflug in die kraftvolle und unaufgeräumte Natur.

WEIDBUCHEN AUF DEM SCHAUINSLAND

FREIBURG

Es ist die Geschichte eines zähen Überlebenskampfes, der die bizarren Schönheiten hoch oben auf dem Schauinsland formt. In jungen Jahren, dem Verbiss der Weidetiere ausgesetzt, wächst die Buche auf den Wiesen nur sehr langsam heran. Jedes Jahr verjüngt sie sich aufs Neue und treibt wieder aus, dabei wird sie zum Teil sehr buschig. Bei nur einem Meter Höhe kann sie bereits 50 Jahre alt sein. Ist sie nun groß genug, um nicht mehr verspeist werden zu können, warten die harschen Wetterbedingungen des Schauinslands auf sie. Den schweren Schneelasten muss sie trotzen und sich den starken Stürmen widersetzen. Keine einfachen Lebensbedingungen. Gebeutelt vom kräftigen Luftstrom, biegt sie sich gekrümmt wie eine Greisin, dem Tal zugewandt, so als würde sie vor den heftigen Winden flüchten. Ihr Stamm ist gebeugt, die knorrigen Äste sind in die Länge gezogen, Flechten und Moose kleiden sie. Die grazilen Weidbuchen des Schauinslands sind eine Besonderheit.

Einst war die Buche die vorherrschende Baumart im Schwarzwald. Nicht der Verbiss der Weidetiere hat sie schwinden lassen. Oder die Nutzung der Bucheckern. Vielmehr waren es die holzverzehrenden Gewerbe wie die Köhlerei oder die Gewinnung von Pottasche für die Glashütten, die große Buchenbestände gierig verschlangen.

Umso mehr können wir uns heute zu jeder Jahreszeit über die Schönheit dieser knorrigen Gestalten freuen. Die tiefgrünen, glänzenden Blätter der Weidbuche wachsen im Frühjahr dicht, sodass sie im Sommer Schatten spendet. Später im Herbst trägt sie ihr gelboranges Kleid mit Eleganz, wie eine Tänzerin, während ihre fettreiche Frucht zum Beispiel Rehe, Eichhörnchen und Vögel ernährt. Im Winter kleidet sie ein weißer Umhang. Dann ist es ganz still um sie herum, bis auf den Wind, der pfeift.

06

Direkte Anfahrt

Von Freiburg kommend der Schauinslandstraße folgen. Entweder steigt man in der Bohrerstraße 11 in die Seilbahn oder fährt die Schauinslandstraße weiter bis zum Parkplatz der Bergstation.

Wandertipp

Lange Rundtour (15,3 Kilometer) mit vielen Höhenmetern, die die Schönheiten des Schauinslands verbindet. Startpunkt ist der Wanderparkplatz an der Bergstation.

Kurzlink

out.ac/SbsNr

Skulpturen des Windes auf dem Schauinsland

BANNWALD FELDSEEWALD 07

FELDBERG

Direkte Anfahrt

Von der B 317 kommend ist das große Parkhaus »Feldberg« ausgeschildert.

Wandertipp

7,3 Kilometer Wanderglück bietet eine Rundtour auf dem Felsenweg durch den Bannwald zum Moor und um den Feldsee, beginnend am Feldbergerhof.

Kurzlink

out.ac/Ygkzg

Für den Einsamkeit suchenden Wanderer ist die Feldbergregion nicht gerade eine Oase der Stille. Die Fülle an reizvollen Sportmöglichkeiten lockt viele Menschen, und das zu jeder Jahreszeit. Als Erstes empfängt uns ein riesiges Parkhaus, das auch in einer Großstadt stehen könnte. Es folgen Einkaufsverlockungen, Belustigungsangebote und Après-Ski-Bars. Das Ganze wirkt deplatziert und passt überhaupt nicht in den Schwarzwald. Doch verlässt man die Talstation und begibt sich auf den Felsenweg in Richtung Gipfel, so tritt man ein in eine zauberhafte Naturwelt.

Schnell gelangt man in einen der größten urwaldähnlichen Bannwälder des Schwarzwalds mit einer naturnahen Vegetation. Über 100 Hektar, in die der Mensch nicht eingreift. Stürme und der Borkenkäferbefall haben ihre Spuren hinterlassen, überall recken sich tote Bäume in die Höhe oder liegen quer und versperren den Weg. Auf den ersten Blick stören sie unsere Optik, instinktiv suchen unsere Augen nach sattem Grün und Ordnung. Doch ganz ohne Leben sind sie nicht! Überall summen Insekten, rufen und pfeifen Vögel oder schmatzen Käfer. Das Totholz ist eine wichtige Grundlage für eine artenreiche Tierwelt wie zum Beispiel den seltenen Dreizehenspecht. Nach 100 Jahren Schweizer Emigration ist er um 1990 in den Schwarzwald zurückgekehrt. Er ernährt sich mit Vorliebe von Borkenkäferlarven, baut seine Bruthöhlen meist in abgestorbenen Fichten und findet hier wieder ein fragiles Paradies. Im Bannwald sehen wir mit eigenen Augen, dass auf Zersetzung Leben in einer natürlichen, lichteren Wiederbewaldung folgt. Lässt man sich mit der Erkundung Zeit, so kann man die Schönheit im Verborgenen entdecken und ganz in eine wilde Flora und Fauna eintauchen. Informative Schautafeln öffnen den Blick für kleine Details und große Zusammenhänge.

Violett blühender Alpen-Milchlattich

Naturschutzgebiet
Naturschutzgebiet „Feldberg“
Feldberg Nature Reserve

BANNWALD SCHEIBENFELSEN 08

OBERRIED-ZASTLERTAL

Schon allein die Anfahrt weckt Sehnsüchte. Vom malerischen Kräuterdorf Oberried geht es in das Zastlertal, das sich im Nirgendwo verläuft, am Ende steht nur noch dichter Wald. Auf der Südseite klappert die entzückende Gassenbauernhofmühle, eine Getreidemühle aus dem Jahre 1770. Dahinter erhebt sich in dramatischer Pose der Bannwald Scheibenfelsen.

Die markante Felsengruppe, die gerne von Kletterern besucht wird, hat dem Bannwald seinen Namen gegeben. Das im Jahr 1991 ausgewiesene Refugium erstreckt sich über eine Fläche von 81 Hektar und hat eine ganz eigene Vegetation. Die Ausrichtung gen Süden sorgt für ein trockenes Milieu auf dem steilen und steinigen Untergrund. Ausgedehnte Block- und Schutthalden haben sich formiert. Entstanden sind sie vor Tausenden von Jahren. In den Felsspalten sammelte sich Schmelzwasser, das bei niedrigen Temperaturen gefror, sich ausdehnte und den Fels auf die Dauer porös machte. Nach dem Rückzug des Gletschers rutschte das mürbe Gestein ab, wie Murmeln, die den Steilhang nun belagern.

Auf dem scheinbar unwirtlichen Boden hat sich eine eigene Pflanzenwelt etabliert. Sie trotzt den kargen Bedingungen und scheint sich an den Steinbrocken festzuklammern. Eine Vielzahl an Laubbäumen besiedelt die Blockhalden, ihre Wurzeln bahnen sich einen Weg um das Geröll. Flechten und Moose kleiden die Felsen. Ein Lebensraum, der auch kleinen Reptilien gefällt. So kann man zum Beispiel herumturnende Zauneidechsen beobachten oder einer Blindschleiche beim Sonnenbaden zuschauen. Damit die Tiere so wenig wie möglich gestört werden, darf man den Trampelpfad, der zum unteren und für Kletterer freigegebenen Scheibenfelsen führt, nicht verlassen.

Direkte Anfahrt

Von Kirchzarten kommend bei Oberried links in die Talstraße Richtung Zastler abbiegen. Vor der Gassenbauernhofmühle befindet sich ein kleiner Parkplatz. Achtung: Nicht zuparken, es ist die Zufahrtsstraße eines Bauernhofs.

Wandertipp

Um den Scheibenfelsen herum führt auf 9,5 Kilometern eine Rundwanderung, auf der man insgesamt rund 650 Höhenmeter überwindet. Empfehlenswert ist zudem die Besichtigung der Gassenbauernhofmühle. Auch wenn nur an wenigen Tagen eine Vorführung stattfindet, ist sie bereits von außen betrachtet ein Schmuckstück.

Kurzlink

out.ac/IlV3U4

Verwunschen im Zastlertal – ein Lebensraum für sich

BANNWALD CONVENTWALD 09

SANKT PETER

Inmitten einer stillen Oase, in der kein Verkehrslärm unsere Ohren stört und nur das Vogelgezwitscher unsere Schritte begleitet, auf dem Kandelhöhenweg zwischen Sankt Peter und Freiburg, könnte eine Autobahn verlaufen. Vor über 50 Jahren wurde dank eines klugen Forstamtsleiters diese Stelle als Schutzgebiet ausgewiesen, um den Bau einer Schwarzwaldautobahn zu verhindern. Der kleine Bannwald ist nur 15 Hektar groß und wirkt auf den ersten Blick recht eintönig. Er entspricht überhaupt nicht dem Slogan »Urwald von morgen«, den die Bannwälder gerne tragen, und zeigt sich dem Laien recht aufgeräumt und ordentlich. Nur wenig Totholz samt den korrespondierenden Pilzpartnern liegt auf dem Waldboden. Die Buche, der Charakter-Laubbaum des Schwarzwalds, überwiegt in diesem Bannwald und verdrängt zunehmend die Nadelbäume. Verhältnismäßig wenige Weißtannen und vereinzelte Fichten gesellen sich zu den Laubbäumen, deren Stämme silbern glänzen. Schlank wachsen die Buchen empor, ihre Baumkronen stehen in luftiger Höhe. Grüne Segel, die den Sonnenstrahlen den Weg versperren und so eine Bodenvegetation größtenteils verhindern. Allenfalls im Winter erwärmt die Sonne den Waldboden. Und so fehlt hier der Sortenreichtum an Sträuchern und Moosen, der sich in einem Bannwald entwickeln würde.

Dennoch bietet der Conventwald interessante Eindrücke. Vor allem wenn man bedenkt, dass lange vor der Besiedelung des Schwarzwalds und dem Eingriff des Menschen unsere Region aus dichten Buchenwäldern bestand und somit nicht die Weißtanne die vorherrschende Baumart war. So zeichnet der Conventwald ein längst vergangenes Bild vom Schwarzwald, wie er vor Tausenden von Jahren ausgesehen haben könnte. Und er hat durch die bisher fehlenden großflächigen Absterbeprozesse eine hohe CO_2-Speicherfunktion, denn nur Totholz setzt Kohlenstoffdioxid frei. Ein wertvolles Stückchen Wald.

Direkte Anfahrt

Am besten beginnt man die Wanderung in Sankt Peter und beendet sie in Freiburg. Daher bietet es sich an, das Auto in Freiburg zu parken und in den Bus nach Sankt Peter zu steigen.

Wandertipp

Auf dem Kandelhöhenweg geht es auf der Etappe von Sankt Peter nach Freiburg (17,7 Kilometer) fast nur bergab.

Kurzlink

out.ac/IdSAM

Ein Blick in die vegetationsgeschichtliche Vergangenheit

WALDTRAUT VOM MÜHLENWALD
FREIBURG-GÜNTERSTAL

Waldtraut hat in ihrem jungen Baumleben noch nicht so viel erlebt wie andere monumentale Bäume im Schwarzwald. Gerade einmal knapp über 100 Jahresringe kann die Douglasie aufweisen. Doch bereits jetzt ist sie eine Berühmtheit. Mit ihren stolzen 67 Metern vom Boden bis zur Krone ist sie der höchste Baum Deutschlands. Umgeben von anderen Bäumen, wächst die Rekordhalterin auf steilem Terrain im Freiburger Stadtteil Günterstal, im Mühlenwald. Daher stammt auch ihr aristokratisch klingender Name »Waldtraut vom Mühlenwald«. Ihr Vorname leitet sich aus dem Germanischen ab und bedeutet zum einen »starke Herrscherin« und vereint zum anderen die Worte »Wald« und »Vertrauen« – sehr passend für diese Douglasie, an der man nur ehrfürchtig hochschauen kann und die Hoffnungsträgerin ist für einen sich im Wandel befindenden Wald. Denn die wärmeliebende Douglasie ist nicht so trocken- und hitzeempfindlich wie zum Beispiel die Fichte. Der Freiburger Stadtwald beherbergt das größte Douglasien-Gebiet in Deutschland. Anfang des 20. Jahrhunderts wurden dort versuchsweise Baumarten aus Nordamerika angepflanzt und die Douglasie hat sich besonders gut entwickelt.

Die Douglasie gehört zur Familie der Kieferngewächse. Der schottische Botaniker Douglas brachte sie im 18. Jahrhundert wieder nach Europa, nachdem sie nach der letzten Eiszeit auf unserem Kontinent ausgestorben war. Ihr rasches Wachstum und ihr wertvolles Holz machen sie zu einer begehrten Baumart. Ihre Zapfen fallen als Ganzes auf den Boden herab. Sie sind kleiner als Fichtenzapfen und erkennbar an den zipfeligen Schuppen, die neugierig herausragen. Zerrieben duften ihre Nadeln würzig nach Orangen. Douglasien können ein Alter von über 500 Jahren erreichen. Bis dahin wird Waldtraut sicherlich noch eine Menge erleben!

10

Direkte Anfahrt

Ein guter Ausgangspunkt ist der Wanderparkplatz Wonnhalde in der Schauinslandstraße am Ortsausgang von Günterstal.

Wandertipp

Startet man von der Wonnhalde aus, so führt ein 11,3 Kilometer langer Rundwanderweg zur Waldtraut.

Kurzlink

out.ac/bXJvA

Die Höchste in Deutschland – Waldtraut ist eine Berühmtheit

DURCHMESSER
2006 95 cm
2014 101 cm
VOLUMEN
2006 25 m³
2014 26 m³
WALDTRAUT VOM MÜHLWALD
HÖCHSTER BAUM DEUTSCHLANDS
UMFANG
2006 3 METER
2014 3,17 METER
ALTER
2006 93 JAHRE
2014 101 JAHRE
HÖHE
2006 63,30 M
2014 65,80 M
2019 67,10 M

LOTENBACHKLAMM 01

BONNDORF IM SCHWARZWALD

Wild und wunderschön präsentiert sich die Lotenbachklamm unseren Augen. Die Inszenierung vom Wanderparkplatz aus könnte nicht spektakulärer sein. Die sanften Hügel und weiten Wiesenflächen der Landschaft zwischen Gündelwangen und Bonndorf lassen nicht erahnen, was wenige Schritte vom Parkplatz entfernt geboten wird: eine enge Schlucht, dramatisch arrangiert. Wir tauchen ein in eine völlig andere Welt und sind begeistert.

Der Lotenbach ist ein 1,5 Kilometer langer Seitenarm der Wutach. Zunächst fließt er wenig eindrucksvoll dahin, um sich dann in die wildromantische Schlucht zu drängen. Felsen blockieren immer wieder seine Passage, in eleganten Sprüngen überwindet er die Hindernisse. Der rasche Wechsel zwischen Kaskaden und Wasserbecken macht den Besuch der Klamm zu einem einzigartigen Erlebnis. Der Weg eröffnet stets neue Perspektiven auf diese bezaubernde Natur, denn man folgt dem Bach über Brücken und Treppen.

Viele mit Moos bedeckte Baumstämme liegen kreuz und quer über der Schlucht und bieten ein wertvolles Habitat etwa für Käfer. Wartet man ein paar Augenblicke, so kann man einige der zahlreichen Arten krabbeln sehen. Das wissen die gefiederten Bewohner der Schlucht zu schätzen. Gerade in den frühen Morgenstunden, wenn die Klamm noch verschlafen wirkt und keine Besucher über die Holzbohlen stapfen, hört man es rufen, singen und hämmern. Buntspechte, Hohltauben und Kauze leben hier im Paradies. Der große Totholzbestand wird auch von Flechten, Moosen und Pilzen besiedelt, unauffällige Lebensgemeinschaften und doch unverzichtbar.

Am Ende seines Verlaufs vereint sich der Lotenbach mit der Wutach. Er ist nicht Teil des berühmten Schluchtensteigs, ein Abstecher ist allerdings unbedingt zu empfehlen.

Direkte Anfahrt

Der Wanderparkplatz Lotenbachklamm liegt an der B 315 zwischen Lenzkirch und Bonndorf. Direkt unterhalb des Parkplatzes beginnt die Klamm.

Wandertipp

Wer eine längere Wanderung plant, kann den Besuch von Lotenbachklamm und Wutachschlucht bei der 12,2 Kilometer langen Rundtour verbinden. Unbedingt rutschfeste Schuhe einpacken!

Kurzlink

out.ac/3nyqe

Eintauchen in eine andere Naturwelt

WUTACHSCHLUCHT 02

VON LENZKIRCH BIS ZU DEN WUTACHFLÜHEN

Sie ist die berühmteste unserer Schluchten. Doch trotz der angelegten Pfade, der vielen Wanderer und ihres Bekanntheitsgrades weit über den Schwarzwald hinaus wirkt die Wutachschlucht wild und ursprünglich. Seit der letzten Eiszeit bahnt sich das tosende Wasser der Wutach seinen Weg durch die Millionen Jahre alten Gesteinsschichten. Dabei zwängt sie sich auf ihrer Reise durch Gneis und Granit, Buntsandstein und Muschelkalk. Entstanden ist eine unverwechselbare Wildflusslandschaft, modelliert von der Kraft des Wassers. Unser Schwarzwälder Grand Canyon.

Das bunte Mosaik an unterschiedlichen Gesteinsarten und Böden ist der ideale Lebensraum für eine außergewöhnliche Pflanzen- und Tierwelt. Ein Natur-Reichtum, der in Süddeutschland einzigartig ist. Kaum werden die Tage wieder länger, blüht der zarte Märzenbecher und die imposante Blüte der Pestwurz kommt zum Vorschein, dichte Bärlauch-Teppiche füllen die Lücken. Später bereichern Mondviole, Blauer Eisenhut und Aronstab die vielfältige Vegetation. Darüber tanzt eine unglaubliche Anzahl an bunten Schmetterlingen, über 500 Arten sollen die wilde Wutach als Heimat auserkoren haben. Blau leuchtende Eisvögel gleiten über das rauschende Wasser, während die Wasseramsel unter Wasser auf Beutefang geht. Aus der Höhe bewacht ein Schwarzmilan mit scharfem Blick das Geschehen.

Die Wutachschlucht ist Teil einer urwüchsigen Schluchtenlandschaft. Wer ihre ganze Schönheit erleben will, sollte die Wanderschuhe schnüren und sich auf den 119 Kilometer langen Schluchtensteig begeben. Ein unvergesslicher Wandergenuss, der abwechslungsreich zwischen tief eingekerbten Wasserläufen und Weitblicken aus der Höhe changiert.

Direkte Anfahrt

Für die Erkundung der Wutachschlucht gibt es viele Einstiegsmöglichkeiten. Interessante Einblicke bietet der Bereich Räuberschlössle nördlich von Gündelwangen oder die Wutachmühle an der L 171.

Wandertipp

Vor allem an heißen Sommertagen ist die Rundwanderung Drei-Schluchten-Tour empfehlenswert (9,5 Kilometer). Sie vereint kühlen Schatten und wildromantische Natur und beginnt am Wanderparkplatz Bachheim.

Kurzlink

out.ac/l3BBv

Dem Wasser ganz nah

XANDERKLINGE 03

CALW-HOLZBRONN

Neben seinen weitläufigen Waldgebieten glänzt der Schwarzwald mit seiner Fülle an Schluchten und Wasserfällen. Einige sind bekannt, andere hingegen plätschern vor sich hin und schlummern im Schatten von nahe gelegenen Berühmtheiten. So auch die verwunschene Xanderklinge südlich des überlaufenen Monbachtals mit seiner gut frequentierten Schlucht.

Der Einstieg fängt wenig spektakulär an. An der stark befahrenen Bundesstraße und der Nagoldbahn weist ein Schild auf die Naturschönheit hin. Doch schnell wird es wild und mit zunehmendem Verlauf urwüchsig und teilweise fast schon alpin. Die Xanderklinge ist ein durch Wasser- und Gesteinserosion entstandenes Kerbtal, das sich tief in den Buntsandstein eingeschnitten hat. Das Wasser hüpft kaskadenförmig die Steinstufen hinab, kleinere Wasserfälle und mit dicken Moospolstern bedeckte, quer liegende Bäume betonen den ursprünglichen Charakter der Landschaft. Es ist feucht, es ist rutschig, festes Schuhwerk ist nötig. Garantiert werden die Füße nass. Metallgriffe und Seile geben immer wieder Halt bei der Erkundung. Entlang des Baches führt ein Weg, der sich mitunter im Wasser verliert. Weiter oben hat man von der Aussichtsplattform aus eine wunderschöne Sicht auf die wilde Klinge.

Von dort führt ein Pfad hinunter und wir entdecken eine Schatztruhe im Wasser, die darauf wartet, von uns geöffnet zu werden. Vom frischen Bachwasser gekühlt, liegen klare Wässerchen darin. Einfach Geld in das Spendenkässle werfen und das Getränk gehört uns. Der obere Teil der Xanderklinge ist ein ausgewiesenes Waldbiotop und steht unter Naturschutz.

Die Erkundung der Xanderklinge ist für Groß und Klein ein Erlebnis. Sie überrascht, verzaubert und erfrischt.

Direkte Anfahrt

Direkt an der B 463, nördlich von Seitzental, gibt es Parkmöglichkeiten, um die Xanderklinge vom Tal aus zu erkunden.

Wandertipp

Der ausgeschilderte Rundweg (9,3 Kilometer) führt durch die wilde Xanderklinge und Holzbronn. Festes Schuhwerk ist ein Muss!

Kurzlink

out.ac/GZz9c

Hier werden garantiert die Füße nass

GAUCHACHSCHLUCHT 04

ZWISCHEN WUTACH UND DÖGGINGEN

Es liegt ein Duft von Bärlauch in der Luft. Im Frühling breiten sich dichte Teppiche des würzigen Krauts auf den Hängen der naturnahen Schlucht aus, während Pestwurzen ihre urwüchsig aussehenden Blütenköpfe selbstbewusst in die Höhe recken. Einst war die Pflanze ein geschätztes Heilmittel und fand im Mittelalter sogar gegen die Pest Verwendung. Richtet man seinen Blick nach oben, wurzeln Eschen, Buchen und Ahorne auf dem steilen Gelände und spenden mit ihrem dichten Blätterwerk Schatten. Bei der Gauchachschlucht geht es geruhsamer zu als bei ihrer kleinen Schwester, der Wutachschlucht. Zwar herrscht am Wanderparkplatz der Wutachmühle reger Betrieb, doch die meisten Wanderer zieht es zum berühmten Schluchtensteig. Das heißt allerdings nicht, dass man in völliger Einsamkeit die Gauchach entdecken kann. Ihre Schönheit hat sich herumgesprochen und gerade an Wochenenden ist sie ein beliebtes Wanderziel. Im Gegensatz zur Wutachschlucht bleibt man hier nah am Wasser. Weniger Höhenmeter müssen bezwungen werden, dennoch sollte man vorsichtig wandern. Die Pfade sind oft nass und werden dann gerne rutschig.

Das Gauchenbächle entspringt im Nirgendwo nordöstlich von Titisee-Neustadt und fließt unspektakulär an Dittishausen und Döggingen vorbei. Erst südlich von Döggingen muss sich die Gauchach ihren Weg durch das Muschelkalkgestein bahnen. Wandert man von der Wutachmündung die Gauchach entlang, wird man immer wieder belohnt: Zunächst verzückt die Vegetation der naturnahen Auenlandschaft. Dann öffnet sich nach der Enge der Schlucht das Tal und bietet wunderschöne Weitblicke auf bunte Wiesen. In der Ferne kann man sogar die bereits im 15. Jahrhundert erwähnte Guggenmühle erspähen, mittlerweile ein saniertes Wohnhaus.

Direkte Anfahrt

Gut parken kann man an der Wutachmühle, an der L 171 in Wutach.

Wandertipp

Der Genießerpfad Gauchachschlucht (5,6 Kilometer) startet am Wanderparkplatz Burgmühlenweg nahe Mundelfingen.

Kurzlink

out.ac/3XFIt

Ein erfrischendes Ausflugsziel

RAVENNASCHLUCHT 05

BREITNAU

Nicht ohne Grund ist sie berühmt und lockt viele Besucher an: Die Ravennaschlucht mit ihrem Wasserspiel ist atemberaubend schön. Je tiefer man einsteigt in die Schlucht und je schlechter das Wetter ist, desto größer die Wahrscheinlichkeit, dass man sie fast für sich allein hat. Auch frühmorgens oder am späten Abend ist sie ein Hingucker und wirkt sogar ein wenig gespenstisch, wenn Nebelschwaden die Schlucht bedecken.

Die Erkundung startet am Ravennaviadukt an der Alten Steige, dem touristischen Knotenpunkt. Der Pfad schlängelt sich entlang des kurvenreichen Flüsschens. Immer wieder wird die Sicht durch die Felswände und die vielen Windungen versperrt. Doch nach jeder Wegbiegung verspürt man pures Entzücken. Der Blick öffnet sich auf das wilde Wasser, das über die zahlreichen Kaskaden fließt und in zwei Wasserfällen nach unten stürzt. Der große Ravennafall ist 16 Meter hoch und mündet in einen tiefen Gumpen, der kleinere mit seinen sechs Metern ist nicht minder reizvoll. Die vielen Holzbrücken und Stege verstärken den romantischen Charakter der Ravennaschlucht. Eine Augenweide. Nicht nur Naturbegeisterte kommen hier auf ihre Kosten, denn die Schlucht bietet mit der Großjockenmühle ein weiteres Highlight. Die Mühle wurde 1883 errichtet, zu der Zeit, als die ersten Dampfzüge durch das Höllental ratterten. In der Getreidemühle wurde Roggenmehl für den eigenen Hofgebrauch gemahlen, die Kleie als Abfallprodukt an die Tiere verfüttert. Ungewöhnlich ist, dass das Bachwasser in einer Rinne über das Dach der Mühle auf das Wasserrad geleitet wird. Eine Informationstafel erläutert die Geschichte und die Funktionsweise der Mühle.

Direkte Anfahrt

Direkt an der B 31 zwischen Kirchzarten und Hinterzarten gelegen. Große Parkplätze befinden sich am Hofgut Sternen und am Viadukt.

Wandertipp

Durch die Ravennaschlucht führt der gut ausgeschilderte Rundwanderweg (6,7 Kilometer).

Kurzlink

out.ac/rkfaO

Kraftvoll und lebendig

BREGQUELLE 06
FURTWANGEN

Direkte Anfahrt

Von Furtwangen aus der Katzensteigstraße und der Beschilderung zur Bregquelle folgen. Ein großer Parkplatz befindet sich vor Ort.

Wandertipp

Ein Besuch der Bregquelle lässt sich mit einer schönen Wanderung auf den Berg Brend verbinden (8,4 Kilometer).

Kurzlink

out.ac/zOTW4

Wer an der Quelle der Breg steht und dem zarten Gurgeln lauscht, kann sich nur schwer vorstellen, dass der Fluss rund 2.900 Kilometer weiter ins Schwarze Meer mündet, vom »Schwarz-Wald« zum »Schwarz-Meer«. Denn die Breg ist mit ihren 46 Kilometern der längste und der wasserreichste Quellfluss der Donau und deren Ursprung.

Das blubbernde Naturschauspiel entspringt auf über 1.000 Metern Höhe bei der hübschen Martinskapelle nahe Schönwald und nur circa 100 Meter von der Wasserscheide Rhein/Donau entfernt. Zunächst gemächlich und unspektakulär schlängelt sich die Breg durch malerische Bergwiesen und Wälder, mit auffallend geringem Gefälle, um über Bräunlingen und Hüfingen nach Donaueschingen zu gelangen. Im dortigen Schlosspark entspringt im eingefassten Quelltopf der Donaubach, kleine Wasserbläschen perlen empor. Ein hübscher Anblick. Wenige Meter weiter mündet der junge Donaubach nach einem unterirdischen Lauf in die Brigach und vereint sich dann mit der Breg. Gestärkt durch ihren Zusammenfluss, macht sich der zweitlängste Strom Europas auf zu seiner großen Abenteuerreise in den Osten.

Die Donau erreicht zunächst Bayern, wo sie erst schiffbar wird, um später in Österreich die Landeshauptstadt Wien zu passieren. In der Slowakei fließt die Donau durch Bratislava und in Ungarn durch Budapest. Sie verbindet auch die Länder Kroatien, Serbien, Bulgarien, Moldawien und die Ukraine, um schließlich in Rumänien in das Schwarze Meer zu münden. Auf ihrer weiten Reise verändert die Donau ihr Aussehen und wandelt sich von einem lieblich sprudelnden Schwarzwaldbach zu einem gewaltigen Strom. Ein Lebensfluss, eine Wasserader, die Millionen von Europäern ernährt und vereint.

Die Statue des Flussgottes Danuvius wacht über die Quelle

AN DIESER QUELLE BEGINNT
DIE GEOGRAPHISCHE LÄNGEN-
MESSUNG DER DONAU
DEUTSCHE DONAULÄNGE
647 Km

OBERE ELZ 07

ZWISCHEN FURTWANGEN UND OBERPRECHTAL

Um aus den Tiefen der Erde zu entspringen, hätte sich die Elz kaum ein landschaftlich schöneres Plätzchen aussuchen können. Hier, inmitten der dunklen Wälder des Rohrhardsbergs, erblickt das Flüsschen recht einsam und unspektakulär das Licht der Welt. Es bahnt sich zaghaft, aber unermüdlich seinen Weg durch die urwüchsige Waldlandschaft, um sich im weiteren Verlauf durch ein wunderschönes Hochtal zu schlängeln. Seine Begleiter sind bunte Bergwiesen und verwunschene Moore.

Doch langsam wird es abenteuerlicher. Westlich von Schonach springt das Flüsschen über Kaskaden in ein tief eingekerbtes Tal und umspielt die Steine im Bachbett. Es folgt ein langer Weg nach Oberprechtal, wo die Elz in Richtung Südwesten abknickt. Der weitere Verlauf ihrer Reise ist weniger romantisch. Sie passiert die besiedelten Gebiete Elzach, Winden und das Orgelstädtchen Waldkirch, danach folgen Denzlingen, Emmendingen und Teningen, bevor sich der gezähmte Fluss gabelt: Die Alte Elz fließt durch Kenzingen und schaut im Europa-Park in Rust den Achterbahnen zu, bevor sie sich mit dem Rhein verbindet. Der andere Teil ergießt sich in den künstlich geschaffenen Leopoldskanal, von dort geht es schnurgerade ebenfalls in die europäische Wasserader, den Rhein.

Insgesamt ist die Reise der Elz über 120 Kilometer lang, dabei überwindet sie über 900 Höhenmeter. Die Breg, ihre berühmte große Schwester und der Quellfluss der Donau, entspringt nur 800 Meter südlich der Elz. Doch im Gegensatz zu ihr fließt das Wasser der Elz in den Rhein und mündet somit in die Nordsee. Zwischen beiden liegt die Europäische Wasserscheide.

Direkte Anfahrt

Die Elzquelle bei Schönwald nahe dem Hofcafé »näbbe duss« ist gut über die Katzensteigstraße von Furtwangen aus zu erreichen. Die Elzfälle befinden sich bei Schonach an der L 109.

Wandertipp

Der U(h)rwaldpfad (8,6 Kilometer) ist einer der schönsten Wanderwege des Schwarzwalds und führt an den Elzfällen vorbei. Startpunkt ist der Parkplatz Mühlebühlbrücke an der L 109.

Kurzlink

out.ac/3mjLZ

Die Elz bei Schonach umtanzt die Steine

KOSTGEFÄLLSCHLUCHT 08

SIMONSWALD-HASLACHSIMONSWALD

Wild und steil, vor allem Letzteres. So lässt sich die etwas abgelegene Kostgefällschlucht am besten beschreiben. Sie macht ihrem Namen alle Ehre, denn der Haslachsimonswälder Bach stürzt in einem imposanten Gefälle in das Simonswälder Tal hinab. Dabei hat er im Laufe der Zeit das Kerbtal schluchtartig eingeschnitten und so die Landschaft modelliert. Das Gefälle beträgt zum Teil 25 Prozent, daher gleicht eine Erkundung der Kostgefällschlucht einer Kletterpartie.

Schon allein die Anfahrt ist entzückend. Vom nicht enden wollenden Simonswälder Tal zweigt man ab ins Haslachsimonswälder Tal, das steil nach oben führt. Vom Wanderparkplatz sind es nur wenige Schritte bis zum Naturschauspiel. Es beginnt mit einem schönen Wasserfall, im weiteren Verlauf gibt es im steinigen Bachbett immer wieder kleinere Wassersprünge. Imposant sind die mächtigen Blockhalden, die die Schlucht umrahmen. Mächtig stehen sie entlang des Wanderwegs. Dunkle Gneisriesen, die zum wilden Charakter beitragen. Getrübt wird das Bild von einer Rohrleitung, die zu einem kleinen Wasserkraftwerk führt und gar nicht hierher zu passen scheint. Vielleicht wirkt die Schlucht deshalb verlassen, fernab von touristischen Strömen? Doch der Gedanke an die regenerative Energie, die die Kraft des Wassers schenkt, tröstet über diese Leitung hinweg.

Am oberen Ende angekommen, führt ein Wanderweg wieder zum Ausgangspunkt zurück. Sind die Beine noch nicht schwer geworden, sollte man seine Erkundung auf jeden Fall Richtung Schwedenschanze ausweiten. Nach der Enge und Dunkelheit der Schlucht öffnet sich der Blick auf sonnige Hochweiden und man kann die würzige Bergwelt tief einatmen. Bärwurz, Schafgarbe und Lichtnelken wiegen ihre bunten Blütenköpfe im Lied des Windes. Es geht kaum malerischer.

Direkte Anfahrt
Von Simonswald fährt man nach Haslachsimonswald. Am Ende des oberen Tals gibt es einen Wanderparkplatz.

Wandertipp
Wer die vielen Höhenmeter nicht scheut, kann sich auf diese schweißtreibende und einsame Tour freuen (12,3 Kilometer), die die Kostgefällschlucht mit dem Rohrhardsberg und der Yacher Höhe verbindet:

Kurzlink
out.ac/IG4Lna

Kleine Naturschönheiten verstecken sich in der engen Schlucht

STAMPFBACHSCHLUCHT 09

MÜNSTERTAL-SPIELWEG

Eine Schlucht, die viele Jahre im Dornröschenschlaf verbrachte. Wachgeküsst wurde sie zur Jahrtausendwende von vielen freiwilligen Helfern des Vereins Bergfreunde Münstertal. Noch Anfang des letzten Jahrhunderts genossen die »Sommerfrischler« das kühle Klima der Stampfbachschlucht. Doch nachdem die neue asphaltierte Landstraße von Obermünstertal zum Wiedener Eck fertiggestellt worden war, geriet der Schluchtenpfad immer mehr in Vergessenheit. Dabei galt er lange als wichtiger Verbindungsweg zwischen Münstertal und Neuhof in einer von der Landwirtschaft geprägten Gegend. Mit der Zeit hatte der Wald das Wasserparadies wieder in Beschlag genommen und mit seinem dichten Mantel bedeckt.

Fleißige Helfer haben den alten Pfad wieder begehbar gemacht, die Vegetation zurückgedrängt, den Zugang erneuert, eine Brücke saniert. Zur Freude vieler Wanderer, die die wildromantische Stampfbachschlucht nun erkunden können. Der Weg durch die stark eingeschnittene Schlucht führt steil bergauf. Doch die Mühe wird belohnt: Schnell betritt man eine zauberhafte Naturwelt, die sogar einen Wasserfall bereithält. Ein kleines Paradies. Die Schlucht ist dunkel, nass und herrlich erfrischend.

Das findet auch eine Reihe von Schmetterlingen angenehm. Ein Kaisermantel freut sich über Wasserdost und Disteln, die hier wachsen. Sogar einige Taubenschwänzchen haben sich in die Dunkelheit der Schlucht verirrt. Die Falterart liebt normalerweise sonnige Wiesen, doch das reichhaltige Angebot an Nektar möchte sie sich offenbar nicht entgehen lassen. Der Schmetterling verblüfft mit seinem langen, eingerollten Saugrüssel und seinem Schwirrflug. Ohne Unterlass tanzt er von einer Blüte zur nächsten. Die vielen Falter fühlen sich in der Stampfbachschlucht, diesem Wasserparadies im Obermünstertal, einfach wohl.

Direkte Anfahrt

Auf der L 123 von Münstertal Richtung Wieden bis zum Abzweig Untere Gasse im Ortsteil Spielweg fahren. Dort der kleinen Teerstraße bis in den Ortsteil Stampf folgen.

Wandertipp

Die 6,3 Kilometer lange Rundtour verbindet die Stampfbachschlucht und den Aussichtspunkt Brandenspitze.

Kurzlink

out.ac/4YL3E

Hier trifft man auf mehr Schmetterlinge als Wanderer

OBERE MURG 10

ZWISCHEN BAIERSBRONN UND FORBACH

Steht man vor Forbach am Flussufer der Murg, kann man sich kaum vorstellen, dass hier einst lange Holzstämme in Richtung Rhein dirigiert wurden: Aus ihrem Flussbett ragen überall Steine empor, die das Wasser kraftvoll umspült. Die Reise mit der unberechenbaren Fracht war sicherlich nicht ungefährlich.

Die Murg wird aus zwei Quellen geboren: Die Hauptquelle ist nur einen Steinwurf vom Lotharpfad entfernt und liegt unterhalb des Schliffkopfs. Nördlich davon, beim Ruhestein, entspringt die Rotmurg. Beide Bäche vereinen sich im Mitteltal bei Baiersbronn zur Murg, um dann durch die Hauptgemeinde Richtung Norden zu fließen. Am Anfang ihrer Reise zeigt sich die Wasserader wild, ungebändigt, kraftvoll. Dabei muss sie immer wieder Gefälle überwinden und Felsen umrunden. Erst nach Forbach wird sie breiter und erscheint gebändigt. Sie passiert das hübsche Städtchen Gernsbach, eine Schwarzwaldperle, und verliert in ihrem späteren Lauf zunehmend ihren romantischen Charakter. Sie gleicht sich der Industrielandschaft an: Es folgen Gaggenau, Kuppenheim und Rastatt, bis sie der Rhein in den hohen Norden weiterträgt. Insgesamt ist die Murg – beide Quellen miteingerechnet – ein rund 80 Kilometer langer Fluss.

Bis ins 19. Jahrhundert war die Murg eine wichtige Holztransportstraße, die das tiefe Tal mit der Welt verband und Wohlstand brachte – zumindest für einige Bewohner und Waldbesitzer, die sich ab dem späten Mittelalter zur Murgschifferschaft zusammenschlossen, einer bis heute bestehenden, genossenschaftlich organisierten Holzhandelsgesellschaft. Im oberen Verlauf der Murg überließ man die Stämme dem wilden Wasser. Das felsige Flussbett war schlicht zu gefährlich. Erst in Gernsbach und Weisenbach fing man die Holzriesen wieder ein, um sie dann zu langen Flößen zusammenzubinden. Der Anfang einer langen Reise, die teilweise erst vor der endlosen Weite der Nordsee endete.

Direkte Anfahrt
Besonders sehenswert ist die Murg zwischen ihrem Quellgebiet und Gernsbach. Entlang der B 462 gibt es viele Abstiegsmöglichkeiten zu den Flussauen.

Wandertipp
Die dritte Etappe des Fernwegs Murgleiter ist rund 17 Kilometer lang und führt von Forbach über die Schwarzenbach-Talsperre nach Schönmünzach.

Kurzlink
out.ac/rHoB

Wild und doch gebändigt

ALLERHEILIGEN-WASSERFÄLLE

OPPENAU-ALLERHEILIGEN

01

Direkte Anfahrt

Von Ruhestein aus (an der B 500) der K 5370 bis nach Allerheiligen folgen. Ein Parkplatz befindet sich direkt vor dem Eingang der Fälle.

Wandertipp

Der Sagenrundweg (3,6 Kilometer) verbindet Naturschauspiel und schöne Geschichten rund um diesen Ort.

Kurzlink

out.ac/yuwx

Berühmt sind sie, die sagenumwobenen Allerheiligen-Wasserfälle. Mit ihren tosenden Wassermassen und der verwunschen wirkenden Klosterruine oberhalb der Kaskaden bieten sie eine traumhafte Szenerie. Ein lichter Mischwald, hohe Felswände, durch die sich das Wasser seinen Weg bahnt, und saftiges Moos begleiten den Wanderer bei seiner Wanderung. Diese Landschaft zeigt deutlich, welche Kraft Wasser hat. Es hat eine tiefe Schlucht gegraben, eingezwängt vom Porphyrfelsen. Insgesamt stürzt der Lierbach über sieben Fallstufen in das Tal hinab. Ein ständiges Wasserrauschen, das sogar im heißen Hochsommer Abkühlung bringt. Betreten darf man das erfrischende Nass jedoch nicht: Die vielen Gumpen sind ein Rückzugsort für zahlreiche Tiere.

Nur schwer kann man sich heute vorstellen, dass man am Anfang des 19. Jahrhunderts das beeindruckende Fels-Wasser-Spektakel noch über Leitern erkunden musste. Bis dahin war das Gebiet nur über das nördlich liegende, bergige Terrain zugänglich. So romantisch das Ensemble heute wirkt, so unerreichbar muss Allerheiligen in früheren Zeiten gewesen sein. Was bewegte die Stifterin Uta von Schauenburg, hier ein Kloster errichten zu lassen? Schenkt man der Überlieferung Glauben, soll ein Esel hierbei eine tragende Rolle gespielt haben.

Seit Mitte des 19. Jahrhunderts führen ein Wanderweg und Sandsteintreppen bequem entlang der Fälle. Insgesamt 250 Stufen sollen es sein. Mehrere Plattformen erlauben immer wieder spektakuläre Ausblicke. Eine herrliche Sicht bietet zudem die Engelskanzel. Die gute Zugänglichkeit dieser Wasserfälle und deren berauschende Schönheit hat sich herumgesprochen, und so ist man nie allein auf den Pfaden, die zu diesem Naturschauspiel führen. Am späten Abend wird es ruhiger und der Ort strahlt nach wie vor etwas Zauberhaftes aus. Die Magie der Fälle fließt ungebrochen.

Eine traumhafte Wasserwelt

ZWERIBACHER WASSERFÄLLE 02

SIMONSWALD

Inmitten einer urwüchsigen Felsenlandschaft und umgeben von einem dichten Tannen- und Buchenwald liegt versteckt ein ganz besonderes Naturjuwel. Die Zweribacher Wasserfälle sind ein Wasserspektakel der Superlative. Kein nivellierter Pfad, kein nahe gelegener Parkplatz, keine Souvenirläden, nur wilde Schönheit im Herzen eines wilden Bannwalds.

Schon von Weitem hört man das tosende Rauschen des Wassers. Doch das steile Terrain und der gewundene Trampelpfad versperren die Sicht. So baut sich innerlich eine gewisse Spannung auf. Es geht im wahrsten Sinne des Wortes über Stock und Stein zu den Fällen. Immer wieder müssen Baumstämme überquert und Felsen umrundet werden. Trittsicherheit und festes Schuhwerk sind daher dringend empfohlen. Bei einer geschlossenen Schneedecke oder bei Regenwetter sollte man besondere Vorsicht walten lassen. Mehrere Wege führen zu den Fällen, so ist ein Start von Sankt Märgen oder auch Simonswald aus möglich. Egal, für welchen Wanderweg man sich letztendlich entscheidet, erst wenn man kurz vor den Kaskaden steht, kann man sich am Wasserschauspiel erfreuen. Der Blick ist gefangen, das stetige Rauschen zieht den Wanderer in seinen Bann. Mit großer Wucht stürzt das Wasser des Zweribachs über drei Fallstufen hinab ins Simonswälder Tal. Dort mündet es in die Wildgutach.

Die Schönheit dieses Ortes hat sich herumgesprochen. Trotz des mühsamen Wegs sind vor allem am Wochenende viele Ausflügler hier, um die ungezähmten Wassermassen zu bewundern. Es lohnt sich, schon frühmorgens aufzubrechen, denn dann hat man das Wasserschauspiel vielleicht ganz für sich allein.

Direkte Anfahrt

Von Gütenbach aus fährt man auf der L 173 und dem Zweribachweg bis zum Wanderparkplatz.

Wandertipp

Eine Tour (knapp 10 Kilometer), die nicht nur zu den Zweribacher Wasserfällen, sondern auch zu den nicht so bekannten, aber nicht minder schönen Hirschbachfällen führt. Startpunkt ist am Wanderparkplatz.

Kurzlink

out.ac/Pdap

Ein spritziges Erlebnis

TODTNAUER WASSERFALL 03

TODTNAU

Direkte Anfahrt

Der Parkplatz liegt direkt an der L 126 zwischen Muggenbrunn und Todtnau.

Wandertipp

Der Rundweg (6,1 Kilometer) startet am Busbahnhof Todtnau und führt ohne Umwege zum berühmten Wasserfall.

Kurzlink

out.ac/qwA4

Viel besucht, und das zu Recht! Neben den Triberger Wasserfällen gehört er zu den höchsten Wasserfällen außerhalb der Alpen. Nur noch ein paar bayerische Kumpane sind höher. Mitten in einer wunderschönen Bergwelt, umgeben von hartem Gestein und Wald, fällt das Nass tosend herab, insgesamt atemberaubende 97 Meter. Insgesamt sind es mehrere Fallstufen, die oberste hat eine Höhe von 60 Metern. Himmel und Erde, Stein und Wasser vereinen sich zu einem bezaubernden Naturschauspiel, denn der Todtnauer Wasserfall ist ein Naturwasserfall.

Es ist das Wasser des Stübenbachs, das sich hier hauptsächlich ergießt. Seine Quelle befindet sich beim Berg Stübenwasen, südlich des Feldbergs. Zunächst schlängelt er sich wenig spektakulär durch das Hochtal. Andere Bäche schließen sich an und geben dem Stübenbach seine Kraft, um beeindruckend über den Fels zu stürzen. Entstanden ist der Naturwasserfall in der letzten Eiszeit, als Gletscher den Untergrund an geologischen Bruchstellen abschürften. Bis heute modelliert das Wasser das Gestein, ein ewiger Vorgang, der noch Millionen von Jahren andauern wird, zeitliche Vorgänge, die sich unserer Vorstellungskraft entziehen.

In dem Gebiet rund um Todtnau verschließt das Gestein weitere verborgene Kostbarkeiten. Bereits im Mittelalter wurde in der Region unter anderem Silbererz abgebaut. Eine reiche Vergangenheit, die sich im Wappen von Todtnau spiegelt. Unweit vom Wasserfall befindet sich ein Relikt aus der Vorzeit mit einer geheimnisvollen Geschichte: der sagenumwobene Schatzstein, ein Felsbrocken mit okkulten Schriftzeichen, ein Monolith aus anderen Zeiten.

BURGBACHWASSERFALL 04

BAD RIPPOLDSAU-SCHAPBACH

Der Schwarzwald ist mit seinem Reichtum an Wasserfällen gesegnet. Rauschend stürzen die Wassermassen tief in die Täler hinab. Zerklüftete Formationen und große Höhenunterschiede bieten ein Naturspektakel der Superlative. Ein besonders eindrucksvolles Schauspiel kann man in der Gemeinde Bad Rippoldsau-Schapbach erleben.

Inmitten der dichten Wälder des Wolftals liegt dieses erfrischende Naturjuwel, der Burgbachwasserfall. Versteckt in diesem märchenhaften Wald, kann man das rauschende Nass hören, bevor man es erblickt. Die Strecke vom Parkplatz aus ist kurz, doch der Weg führt steil hinauf. Schließlich öffnet sich der Blick und der Wasserfall präsentiert sich auf seiner Naturbühne. Ganze 32 Meter braust das Wasser die mächtige Felswand hinunter. Gerade im Frühling, nach der Schneeschmelze, ein beeindruckendes Ereignis. Gehauene Sandsteine führen an einer Himmelsliege vorbei direkt unterhalb des Wasserfalls, wo Wassertropfen ins Gesicht spritzen. Man steht geradezu unter einer Naturdusche. Nach dem Anstieg ist die Abkühlung eine herrlich erfrischende Auszeit. Der Weg führt zurück zur Himmelsliege, die zum Augenschließen und Träumen einlädt, und dann links zum Burgbachfelsen. Dort geht es steil hinauf zum Aussichtspavillon mit Rastplatz. Der ideale Ort zum Vespern.

Die Quelle des Burgbachs, die den Wasserfall speist, liegt nur wenige Meter oberhalb der Kaskade. Nach ihrem imposanten Freiflug mündet sie mit starkem Gefälle in die Wolf, die sich wiederum im nahe gelegenen Städtchen Wolfach mit der Kinzig vereint, um in den Rhein zu fließen.

Direkte Anfahrt

Zwischen Oberwolfach und Bad Rippoldsau-Schapbach an der Wolftalstraße gelegen. Der Wanderparkplatz »Vor Burgbach« befindet sich direkt vor Ort.

Wandertipp

Die Genießertour »Klösterle-Schleife« ist knapp 8 Kilometer lang und startet am Wanderparkplatz.

Kurzlink

out.ac/3WyLB

Wie eine Dusche vom Himmel

TRIBERGER WASSERFÄLLE 05

TRIBERG

Die Triberger Wasserfälle sind weit über die Grenzen des Schwarzwalds hinaus bekannt, gehören sie doch zu Deutschlands höchsten: Insgesamt 163 Meter rauscht das Wasser die sieben Kaskaden hinab. Jedes Jahr bestaunen große Besuchermassen die tosenden Fälle. Und dennoch: Trotz ihrer Berühmtheit, trotz der vielen Gäste verzaubert uns dieser Ort mitten im Herzen des Schwarzwalds immer wieder aufs Neue. Es ist die Gutach, die sich von den Höhen Schönwalds kommend in das Tal stürzt und sich ihren Weg über den Triberger Granit bahnt. Und auch wenn man nicht direkt herankommt, so wird man dennoch nass. Die Wassermassen sind so gewaltig, vor allem nach der Schneeschmelze, dass man die Gischt auf dem Gesicht spürt, ein angenehmer Sprühnebel, vor allem im Sommer. Im Winter hingegen bietet sich ein ganz anderes, stilles Bild. Bei großer Kälte erstarrt das Wasser und bizarre Formen entstehen.

Kein Wunder also, dass die Triberger Wasserfälle Gäste von nah und fern anziehen und man nie allein ist, um sie zu bewundern. Durch ihre Lage direkt an der Stadt sind sie gut zu erreichen und die ausgebauten Wege samt Handlauf ermöglichen eine verhältnismäßig komfortable Erkundung. Gesäumt werden die Pfade von hohen Tannen und Fichten, die das geläufige Schwarzwaldbild perfektionieren.

Der Obervogt Theodor Huber initiierte 1805 die touristische Erschließung der Wasserfälle. Die 1873 offiziell für den Verkehr freigegebene Schwarzwaldbahn tat ihr Übriges und brachte Massen an Sommerfrischlern nach Triberg. Eine gewundene Bahnstrecke, dunkle Wälder und rauschende Fluten – die Popularität der Triberger Wasserfälle fließt seitdem wie ein nicht versiegender Strom.

Direkte Anfahrt

Direkt an der Stadt Triberg gelegen, nahe der B 500. In der Ortschaft stehen mehrere Parkplätze zur Verfügung, auch an der Schwarzwaldhochstraße.

Wandertipp

Am Haupteingang steht eine Informationstafel, die alle Pfade aufführt. Es lohnt sich, nach ganz oben zu steigen und die Fälle aus allen Blickwinkeln zu betrachten.

Kurzlink

out.ac/MUrc

Der Zauber ist ungebrochen. Große Wassermassen beglücken die vielen Besucher.

ROSSHIMMEL-WASSERFALL 06
BAIERSBRONN-KNIEBIS

Ein fast unentdeckter Wasserfall, der mitten im dichten Wald ein sprudelndes Schauspiel bietet und nur darauf wartet, wachgeküsst zu werden? Das gibt es wirklich! Der Rosshimmel-Wasserfall ist atemberaubend schön und liegt zudem so verwunschen, dass man sich seinem Zauber nur schwer entziehen kann. Doch zunächst muss man ihn erst einmal finden. Denn nur wenige Wanderschilder verraten seine Existenz. Und auf manch detaillierter Wanderkarte ist der Wasserfall gar nicht aufgeführt. War die Suche erfolgreich, so kann man nur staunen, welch natürliche Schönheit die Natur vollbringt.

Über viele Stufen sprudelt das Wasser hinab. Auf seiner Reise hat es den roten Sandstein wunderschön modelliert: Der stete Tropfen höhlt den Stein. Mit dem bloßen Auge erkennt man vom Wanderweg aus insgesamt acht Sprünge. Was sich weiter oben verbirgt, entzieht sich den Blicken des Wanderers. Unten rinnt das Wasser über eine breite Sandsteinplatte hinab und ummantelt geschmeidig das Gestein. Das Ganze ist so romantisch, als wäre der Wasserfall von Menschenhand für einen Schlossgarten geschaffen worden.

Hohe Tannen, lange Gräser und dichte Brombeerranken wachsen seitlich am Wasserfall und verwehren zu neugierigen Wanderern den Zugang. Und das ist gut so, denn es reicht, den Wasserfall vom Wanderweg aus zu bestaunen. Die steilen Hänge sollten in diesem Schutzgebiet nicht betreten werden. Besonders beeindruckend ist das Wasserspiel im Frühjahr oder nach einer Regenperiode, während im trockenen Sommer nur wenig Wasser über die natürlichen Sandsteinstufen plätschert.

Direkte Anfahrt

Nahe der B 28 gelegen, stellt man das Auto am besten bei Kniebis ab. Parkmöglichkeiten gibt es unter anderem direkt an der Bundesstraße.

Wandertipp

Die 10,3 Kilometer lange Wandertour vereint alle Highlights der Gegend: Rosshimmel-Wasserfall, Ellbachsee und Kniebis. Startpunkt ist der Parkplatz Kohlwald.

Kurzlink

out.ac/lOwC4a

Ein Gemälde der Natur

WASSERFÄLLE MARIA LOCH 07

FELDBERG

Die Wasserfälle in Menzenschwand und Todtnau sind bekannt. Doch das Naturjuwel, das sich in der urtümlichen Felsenlandschaft zwischen den beiden Berühmtheiten versteckt, kennen nicht viele Wanderer. Vielleicht liegt es an seiner Lage. Kommt man von der Passhöhe des Feldbergs, geht es steil hinunter, bevor man das Wasserschauspiel erblickt. Vor dem geistigen Auge hat man den steilen Rückweg bereits im Kopf. Dabei handelt es sich um einen alten Verbindungsweg zwischen Feldberg und Menzenschwand, der jahrhundertelang rege genutzt wurde. Reste einer alten Steinmauer sind Zeugen aus dieser Zeit.

Entstanden ist der Wasserfall Maria Loch am Ende der letzten Eiszeit, als ein mächtiger Gletscher die Gegend um den Feldberg bedeckte. Die Urgesteine, überwiegend harter Bärhaldengranit und Gneis, die hier aufeinandertreffen, haben eine natürliche Schwelle gebildet und den gewaltigen Eismassen widerstanden. Der abschmelzende Gletscher konnte das harte Gestein nicht abtragen. Es entstand ein Talbruch, durch den das Wasser seitdem fließt. Nur kleinere Steine wurden ausgespült und liegen nun im Wasserbett.

Gespeist wird der Wasserfall vorwiegend von der Albquelle, die südlich des Feldbergs entspringt. Mehrere Seitenbäche gesellen sich hinzu. In einem davon lebt eine sehr seltene Algenart, die erst vor wenigen Jahren hier wiederentdeckt wurde. Oberhalb der Fälle befindet sich auch ein schöner Moorbereich. Ein Bergmischwald, bestehend aus Fichten, Buchen und Bergahorn, begleitet die Schritte bis zu den Kaskaden. Dort angekommen, kann man sich am Schauspiel nicht sattsehen: In völliger Einsamkeit hüpft das Wasser über die Gesteinsstufen hinab, bevor es dann weiter Richtung Menzenschwand und seinen berühmten Fällen fließt.

Direkte Anfahrt

Entweder man wandert von Menzenschwand oder von der Feldberg-Passhöhe aus. Bei der Menzenschwander Hütte ist der Wanderweg ausgeschildert.

Wandertipp

Die Wasserfälle Maria Loch liegen auf der fünften Etappe des Albsteigs (10 Kilometer), die in Menzenschwand-Vorderdorf beginnt.

Kurzlink

out.ac/Sayiv

Die Mühe lohnt sich – die Wasserfälle sind entzückend

GERTELBACH-WASSERFÄLLE 08

BÜHLERTAL-SICKERWALD

Keine beeindruckenden Fallstufen, kein Wasser, das sich frei fallend herabstürzt. Dafür ein wildromantisches Wasserballett, das entzückt. Von überallher sprudelt, hüpft und tanzt das Wasser des Bergbachs und umspielt auf seinem Weg in die Tiefe die beeindruckenden Felsbrocken, die die Schlucht umrahmen. Die Gertelbach-Wasserfälle oberhalb des Bühlertals bieten ein romantisches Schauspiel auf einer recht übersichtlichen Länge. Denn der Bergbach mündet nach bereits 2,5 Kilometern in den zahmeren Wiedenbach. Auf dieser kurzen Strecke überwindet er ganze 300 Höhenmeter. So sind die Fälle ein umwerfendes Ensemble, das aus vielen kleinen Fallstufen besteht. An einer Stelle rauscht das Wasser bis zu sieben Meter hinunter und bahnt sich so seinen Weg entlang der moosigen Granitblöcke. Versperren können die bizarr geformten Gesteinsbrocken seinen Weg nicht, obwohl es sich um Bühlertäler Granit handelt, ein sehr hartes Gestein, das nur langsam verwittert. Umrahmt wird die Romantik von einem bunt gemischten Schonwald, in dem sich die Gertelsbach-Wasserfälle verstecken. Weißtannen, Fichten, Buchen und Bergahorn scheinen das Wasserspektakel zu bewachen.

Nur schwer vorstellbar ist seine frühere Nutzung für die Scheitholzflößerei. Bis Mitte des 19. Jahrhunderts wurde dank der Wasserkraft Brennholz ins Tal geschwemmt. Heute wirken die Gertelsbach-Wasserfälle fast unberührt, als hätte man ihre Schönheit eben erst entdeckt.

Vom Parkplatz aus führt ein naturnaher Pfad entlang der Kaskaden. Dank der Steinstufen, Stege und Brücken kommt man dem erfrischenden Nass ganz nah, für Kinder ein tolles Naturerlebnis. Oben angelangt, überrascht der Wiedenfelsen. Wie die Kirsche auf der berühmten Schwarzwälder Torte rundet er die Erkundung ab und belohnt mit einer spektakulären Weitsicht. Der Blick schweift über das Bühlertal und das flache Rheintal bis hin zu den Vogesen.

Direkte Anfahrt

Der Parkplatz befindet sich in der Gertelbachstraße in Bühlertal.

Wandertipp

Die große Gertelbach-Wasserfall-Runde (knapp 14 Kilometer) hat knackige Anstiege, aber sie verbindet die Wasserfälle, den Wiedenfelsen und mehrere Einkehrmöglichkeiten.

Kurzlink

out.ac/Yypac

Wasserspiele zwischen Granitsteinen

DIETFURTER WASSERFALL 09

LÖFFINGEN-REISELFINGEN

Direkte Anfahrt

Von Löffingen aus fährt man über die L 170 direkt zum Wanderparkplatz Boll an der Wutachstraße.

Wandertipp

Eine der schönsten Etappen (10,1 Kilometer) entlang der Wutachschlucht verbindet Boll mit der Schattenmühle. Start ist der Wanderparkplatz in Boll.

Kurzlink

out.ac/ZgCYn

Wahrscheinlich schon millionenfach fotografiert und doch immer wieder berauschend schön: Der Schleierfall an der Wutachschlucht oberhalb des Wanderwegs ist ein besonderes Naturschauspiel. Ein luftiger Wasservorhang, der sich über das Moos ergießt. Im Sonnenlicht glitzern die feinen Wasserbahnen des Dietfurter Wasserfalls wie zarte Perlenschnüre. Ein kleines Wunder der Natur.

In diesem Abschnitt des berühmten und stark frequentierten Wanderwegs findet sich Kalktuff, auch Quellkalk genannt, ein stark poröses Gestein. Entstanden ist es aus Kalkstein, der sich durch die Verwitterung auflöst, in einem chemischen Prozess wieder zusammensetzt und als Sediment ablagert. Moose spielen bei der Bildung ebenfalls eine wichtige Rolle, sie versteinern unter den Kalkablagerungen und wachsen oberhalb dennoch weiter. Diese Urpflanze, die sich vor Millionen von Jahren aus Algen entwickelt haben soll, kann ein Vielfaches an Feuchtigkeit aufsaugen. Das Moos hält das poröse Gestein zusammen wie ein Netz und gibt dem Kalktuff so ein Gerüst. In Deutschland findet man diese Gesteinsformation hauptsächlich im Alpenvorland, in der Fränkischen Alb und in der Eifel. Im Schwarzwald hingegen mit seinen Graniten, Gneisen und Sandsteinen kann man Kalktuffe nur in der Gegend um die Wutachschlucht bewundern.

Der Dietfurter Wasserfall zeigt eindrucksvoll, dass Gesteine einem stetigen Wandel unterworfen und in die Kreisläufe der Natur eingebunden sind. Komplizierte Vorgänge, die in Zeiträumen entstehen, die wir kaum nachvollziehen können. Für den Betrachter zählt lediglich die Schönheit dieses einzigartigen Naturspektakels, ein Wasserschleier der besonderen Art.

Ein Vorhang aus Wasserperlen

MENZENSCHWANDER WASSERFÄLLE

10

ST. BLASIEN-MENZENSCHWAND

Allein die Anfahrt könnte nicht schöner sein: eine entzückende Schwarzwaldgemeinde, in der sich malerische Bauernhöfe entlang der Dorfstraße adrett aneinanderreihen. Mit ihren tief heruntergezogenen Dächern, bunt bemalten Fensterläden und leuchtend roten Geranien heißen die hübschen Häuser die Gäste herzlich willkommen. Eine Postkartenidylle. Allein dieses Bild würde sich für einen Ausflug schon lohnen. Hinzu öffnet sich am nördlichen Ende des Dorfes ein Tal und gibt die Sicht auf eine blumige Wiesenlandschaft frei, im Hintergrund grüßt der Feldberg. Am Talende befindet sich ein Parkplatz nahe den Wasserfällen. Es sind nur wenige Meter zu den Kaskaden, die auch der Anfangspunkt mehrerer Wandertouren sind.

Gleich zu Beginn der Schlucht stürzt sich Wasser von einer imposanten Felswand herab. Ein Steg führt über die Klamm, sodass man die Wasserfälle als Ganzes entdecken kann. Treppen und Brücken bieten immer wieder unterschiedliche Blickwinkel auf das Naturschauspiel.

Gespeist werden die Fälle von der Menzenschwander Alb, einem Wasserlauf, der sich aus mehreren Quellästen südöstlich des Feldbergs zusammensetzt. Wasser aus ehemaligen Gletscherströmen, das sich seit der letzten Eiszeit in das Gestein gräbt und sich auf eine Reise hinab in das Tal begibt. So ist nach und nach diese beeindruckende Schlucht entstanden. Zugegeben, im Sommer bei lang anhaltender Trockenheit wirkt das Wasserspiel nicht so imposant, doch das ganze Naturensemble ist entzückend und definitiv einen Besuch wert.

Mit ein bisschen »Glück« erhascht man einen Blick auf die Höllenotter, die die Kaskaden als ihre Heimat auserkoren hat. Sie ist eine Sonderform der streng geschützten Kreuzotter. Ganz in schwarzem Lack gekleidet, speichert sie leichter die Wärme der Sonnenstrahlen.

Direkte Anfahrt

Vom Schluchsee kommend der L 146 nach Menzenschwand bis zum nördlichen Ende der Gemeinde folgen.

Wandertipp

Der Geißenpfad (10,5 Kilometer) ist einer der schönsten Wanderwege im Schwarzwald: Ziegenglockengeläut, Bergwiesen und Wasserfall.

Kurzlink

out.ac/lxLWB

Wasserfälle am Ende einer Bilderbuchgemeinde

HUZENBACHER SEE 01

BAIERSBRONN-HUZENBACH

Direkte Anfahrt

Von Baiersbronn der B 462 Richtung Forbach folgen. Nach Huzenbach links in die Straße Silberberg abbiegen und bis zum Wanderparkplatz fahren.

Wandertipp

Die Huzenbacher Runde ist 13,6 Kilometer lang und startet am Bahnhof Huzenbach.

Kurzlink

out.ac/dFUrc

Umgeben von seiner hohen Karwand und umsäumt von den dunklen Tannen als ständige Begleiter, liegt der Huzenbacher See idyllisch in einer tiefen Mulde. Hoch oberhalb der Ortschaft Hutzenbach befindet er sich auf 747 Metern. Er entstand während der letzten Eiszeit, vor circa 12.000 Jahren, als eine dicke Eisschicht die Höhenlagen des Schwarzwalds bedeckte und Hängegletscher sich tief in das Gestein hobelten. Nach der Gletscherschmelze ist das Wasser in den Mulden stehen geblieben. Der See wird bis heute von Niederschlägen und Bächen gespeist. Ursprünglich hatte er einen größeren Durchmesser, doch vom Berg nachrutschende Geröllmassen engten ihn immer weiter ein, sodass er zusehends verlandete.

Ende des 19. Jahrhunderts wurde schließlich ein künstliches Stauwehr errichtet. Beim Ansteigen des Wasserspiegels löste sich vom Verlandungsgrund eine Insel in der Mitte des Sees. Niedrigwachsende Bäume, Gräser und Moose bewachsen die schwimmende Fläche, ein Naturparadies für die heimische Fauna.

Ganz so idyllisch ging es hier nicht immer zu. Jahrhundertelang diente der See in Zeiten der Flößerei als natürliche Schwallung, um die mächtigen Schwarzwaldtannen mit einer künstlich erzeugten Wasserwelle talabwärts zu befördern. Heute hingegen ist er ein Ort der Stille, gerade zu früher Stunde oder am späten Abend trifft man nur wenige Wanderer. Vielleicht liegt das an seiner Lage, denn egal, von wo aus man sich ihm nähert, es sind mindestens einige steile Kilometer zu bewältigen, bevor man die märchenhafte Szenerie erreicht. Und möglicherweise lassen auch die vielen Sagen, die sich um ihn ranken und seine Bedeutung im Volksglauben unterstreichen, den Betrachter in Ruhe verweilen. Er soll Seemännle und Seeweible beherbergen, die mit manchem Besucher ihren Schabernack treiben. Also: Ruhe!

Ein Meer voller gelber Teichrosen

GLASWALDSEE 02

BAD RIPPOLDSAU-SCHAPBACH

Direkte Anfahrt

Von Schapbach Richtung Bad Rippoldsau fahren, links in die Seebachstraße einbiegen und ihr bis zum Wanderparkplatz folgen.

Wandertipp

Vom Parkplatz bis zum See, inklusive Umrundung und Rückweg sind es knapp 2 Kilometer.

Kurzlink

out.ac/Sgqni

Wildromantisch liegt der Glaswaldsee in den dichten Wäldern der Gemeinde Bad Rippoldsau-Schapbach. Entstanden in der letzten Eiszeit, ist er ein für die Region des Nordschwarzwalds typischer Karsee mit einer eindrucksvollen Karwand, die sich majestätisch erhebt, wie eine Wächterin dieses ruhigen Gewässers. Erklimmt man die Wand über den steilen Wanderweg, so eröffnet sich vom Aussichtspunkt Seeblick aus ein herrliches Panorama. Wie ein schwarzes Auge wirkt der verwunschene See von hier oben und zieht uns magisch in seinen Bann. Dunkel, starr und geheimnisvoll.

Gemütlicher ist die Umrundung des Sees auf dem schmalen Pfad. Der bis zu elf Meter tiefe See wird durch Niederschläge, unterirdische Zuflüsse und eine künstliche Zuleitung gespeist. Das schwarzbraune Wasser wirkt unheimlich, als würde es viele Geheimnisse in sich tragen. Und so verwundern die vielen Erzählungen über Nixen und Seemännle nicht, die in den unergründlichen Tiefen des Glaswaldsees hausen sollen.

Das trübe Wasser öffnet auch ein Fenster in die Vergangenheit. In früheren Zeiten als Wilder See oder Nonnensee bekannt, geht sein heutiger Name auf eine Glashütte zurück. In die dort hergestellten Glasflaschen wurde unter anderem das Heilwasser des Rippoldsauer Sauerbrunnens abgefüllt. Die Staumauer aus Sandstein zeugt von seiner Nutzung als Transportmittel zu Zeiten der Flößerei, als mittels einer künstlich erzeugten Schwallung Baumstämme ins Tal befördert wurden. Von den einst holzverzehrenden Gewerken hat sich der Wald heute erholt. Die verwunschene Szenerie des Sees verzückt, vor allem wenn das Sonnenlicht auf der Wasseroberfläche glitzert und die Tannen lange Schatten werfen.

Ganz in Ruhe liegt der Glaswaldsee in einer tiefen Mulde

BLINDENSEE 03
SCHÖNWALD

Direkte Anfahrt
Von Schönwald aus fährt man in Richtung Weißenbach und biegt dann rechts Richtung Farnberg ab. Der Parkplatz Blindensee ist ausgewiesen.

Wandertipp
Eine wunderschöne Rundtour (11,8 Kilometer) beginnt in Schönwald und führt durch das Naturschutzgebiet Briglirain bis zum Blindensee.

Kurzlink
out.ac/3ZJ4M

Auf einem ausgedehnten Höhenzug zwischen Schonach und Schönwald liegt der Blindensee an einem verwunschenen Ort. Eingebettet in ein Hochmoor, ist er von einer einzigartigen Vegetation umgeben. Lediglich die vielen Wanderer können die mystische Stimmung trüben, denn der See ist am legendären Westweg gelegen und ein beliebtes Ausflugsziel, insbesondere am Wochenende. Mit etwas Glück hat man ihn jedoch für sich: Frühmorgens oder spätabends genießt man die Ruhe und lauscht der Stille des Sees. Eine fast unwirkliche Atmosphäre umgibt das Naturidyll, wenn sich die von der Sonne angestrahlte Landschaft golden im See spiegelt. Einzig die quakenden Enten trüben das Aquarell, wenn sie auf dem Wasser ihre Kreise ziehen, brav gefolgt von ihren Küken, während die seltenen Hochmoorlibellen über ihnen schweben und ihr Luftballett vollführen. Umgeben ist der See von einer Vegetation, die mit der Nährstoffarmut zurechtkommt: dem Spirkenwald, den Torfmoose, Heidel-, Preisel- und Moorbeeren, Wollgras und Binsen komplementieren. Ein hölzerner Steg führt durch diese Pflanzenwelt zum See.

Gebildet hat sich der See durch das Abrutschen von Torfschichten, der entstandene Riss füllte sich allmählich mit Wasser. Eine ganz andere Geschichte hingegen vermittelt uns der Volksglaube. Blitze sollen in die Bauernhöfe von zwei streitsüchtigen Nachbarn eingeschlagen und ihre Häuser vollständig vernichtet haben. In der so entstandenen Bodensenke sammelte sich mit der Zeit das Wasser, die Geburtsstunde des Sees – sofern man der Erzählung Glauben schenkt. Heute spürt man von den damaligen Streitigkeiten nichts mehr, der Ort strahlt nur noch eine friedliche Atmosphäre aus. Wären da nicht die vielen Wanderer …

Sicht auf den Blindensee vom Bohlenweg aus

FELDSEE 04
FELDBERG

Direkte Anfahrt
Von der B 317 kommend ist das große Parkhaus »Feldberg« ausgeschildert.

Wandertipp
8,8 Kilometer Wanderglück bietet eine Rundtour auf dem Felsenweg zum Moor und um den Feldsee. Startpunkt ist das Parkhaus.

Kurzlink
out.ac/l4Novg

Schon wieder ein Superlativ! Der Feldsee ist der höchstgelegene See Deutschlands außerhalb der Alpen. Doch damit nicht genug. Die Einzigartigkeit dieses Sees besteht darin, dass er der Hüter einer vom Aussterben bedrohten Pflanze ist: des Stachelsporigen Brachsenkrauts, eines urwüchsigen Gewächses, das in Mitteleuropa sonst nur noch im Titisee gedeiht. Weitere Lebensräume findet die Urpflanze in Skandinavien. Das urzeitliche Kraut gehört zur Familie der Farnpflanzen und vermehrt sich über Sporen. Unscheinbar wie ein Grasbüschel, mag es nasse Füße: Sein Habitat sind kalte und klare Seen. Und das ist ein Problem. Überall hat die Menschheit ihre Spuren hinterlassen. Reine und nährstoffarme Seen gibt es nur noch wenige in Europa. Neben der Verschmutzung des Wassers ist auch der Temperaturanstieg für das Verschwinden des Stachelsporigen Brachsenkrauts mitverantwortlich.

So ist es selbstverständlich, dass das Baden im Feldsee für uns Menschen verboten und nur den Fischen und Enten vorbehalten ist. Und die genießen das sichtlich. Relativ ungestört können sie vom Wasser aus die vielen Besucher begutachten. Gemächlich zieht eine Entenmutter ihre Kreise, die Küken folgen ihr aneinandergereiht wie die Perlen einer Kette, während die Fische nur ab und an ihre Schwanzflossen betätigen. Ein geruhsames Idyll.

Entstanden ist der Karsee wie seine Brüder aus dem Nordschwarzwald durch das Abschmelzen der Eiszeitgletscher. Er ist der größte Karsee des Schwarzwalds und über 30 Meter tief. Dominante Steilwände umgeben ihn und malen eine traumhaft schöne Kulisse. Ganz oben thront das markante Bismarckdenkmal, eingebettet in die herrliche Landschaft des Feldbergmassivs und seiner Naturschutzgebiete.

Nur Enten und Fische dürfen hier baden

SCHLUCHSEE 05
SCHLUCHSEE

Direkte Anfahrt
Südlich von Titisee und der B 500 gelegen, gibt es viele Zugangsmöglichkeiten zum See: zum Beispiel über die Gemeinden Aha oder Schluchsee.

Wandertipp
Einmal rund um den Schluchsee (19,3 Kilometer) und den See aus allen Blickwinkeln genießen.

Kurzlink
out.ac/l3g3x

Diejenigen, die am jährlich stattfindenden Schluchseelauf teilgenommen haben, konnten bereits erfahren, wie groß das »Schwarzwälder Meer« ist. Ganze 18,2 Kilometer beträgt seine Uferlänge, man umrundet ihn überwiegend auf Naturwegen, das reizvolle Gewässer fast immer im Blick. Als größtes Binnengewässer des Schwarzwalds ist er unsere Riviera inmitten des dunklen Grüns der Wälder und ein Badeparadies par excellence.

Ein Tag am Schluchsee fühlt sich an wie Urlaub an der Küste. Den kann man gleich in Freiburg am Bahnhof starten, denn dieses Juwel ist mit der Dreiseenbahn bequem erreichbar. Wem die große Umrundung des Sees zu anstrengend ist, der steigt bereits in Aha aus und folgt dem flachen Uferweg bis zur Ortschaft Schluchsee. Oder begibt sich an einem der Anleger auf das Ausflugslinienschiff. Wer selber Kapitän sein möchte, kann an einer der Verleihstationen ein Ruder- oder Tretboot mieten, sogar Elektro-Motorboote sind vorhanden. Tauchen, Surfen, Segeln und Stand-up-Paddeln, all das ist möglich. Oder man springt einfach so ins kühle Nass und genießt die Weite des Wassers. Und die Kälte. Denn der See hat eine Tiefe von über 60 Metern und liegt auf einer Höhe von 930 Metern über dem Meeresspiegel. So beträgt auch im heißen Hochsommer die Wassertemperatur keine 20 Grad. Eine herrliche Abkühlung.

Der Stausee dient der Stromerzeugung und wird durch natürliche Zuläufe wie die Schwarza und Wasser aus Pumpwerken gespeist. Ein sehr sauberes Wasserparadies, das jährlich viele Gäste anlockt. Trotz der starken Frequentierung im Sommer ist der Schluchsee aufgrund seiner Größe und den vielen Freizeitmöglichkeiten eine Oase im Herzen des Schwarzwalds. Unser kleiner Ozean inmitten des unendlichen Grüns.

Für kleine und große Wasserratten

ELLBACHSEE 06

BAIERSBRONN-KNIEBIS

Direkte Anfahrt

Unterhalb der Ortschaft Kniebis und der B 28 gelegen, zwischen Zuflucht und Freudenstadt. Parken kann man am vorgesehenen Seitenstreifen der Bundesstraße.

Wandertipp

Auf 6,8 Kilometern geht es hinunter zum Ellbachsee und am Rosshimmel-Wasserfall vorbei.

Kurzlink

out.ac/3mSSE

Natürlich kann man von der Schwarzwaldhochstraße aus ganz bequem auf den Ellbachsee hinunterschauen und seine einzigartige Schönheit in sich aufnehmen. Die hölzerne Aussichtsplattform unweit des Parkplatzes bei Kniebis bietet einen spektakulären Blick auf den Karsee, ohne den Höhenunterschied von ungefähr 150 Metern bewältigen zu müssen. Reizvoller hingegen ist es, den wurzeligen Pfad hinabzusteigen und die Stille des Sees vor Ort zu genießen, ohne den Motorenlärm der Straße. Eine Ruhebank lädt zum Träumen und Verweilen ein, denn das Schutzgebiet rund um den Ellbachsee strahlt eine besondere Magie aus. Als Habitat für viele gefährdete Tier- und Pflanzenarten sollte es nur betreten werden, wo es ausdrücklich erlaubt ist.

Der Karsee ist ein Relikt der letzten Eiszeit und hat lediglich eine Wassertiefe von wenigen Metern. Er verlandet zusehends. Auf einer schwimmenden Torfinsel wachsen Moorbirken elegant in die Höhe. In der Mitte hat sich die Insel geteilt. Der Blick gleitet wie von selbst die Wasserstraße entlang und versucht zu erahnen, welch wilde Pflanzenwelt sich im Hintergrund versteckt. Doch das dichte Gestrüpp gibt seine Geheimnisse nicht preis. Und das ist gut so. Die Tiere des Ellbachsees können ungestört leben. Gut beobachten hingegen lassen sich die Enten, die in den Gräsern der Torfinsel Verstecken zu spielen scheinen. Immer wieder tauchen sie aus dem Gebüsch auf und ziehen ihre Runden auf der glitzernden Wasseroberfläche, bevor sie wieder in das Dickicht verschwinden. Füttern sollte man sie nicht, denn mit ihren Ausscheidungen verunreinigen sie das nährstoffarme Wasser, auf das wiederum bestimmte Tier- und Pflanzenarten angewiesen sind.

Eine Bilderbuchkulisse, die man tief einatmen sollte, bevor der steile Aufstieg zur Aussichtsplattform wieder ansteht.

BUHLBACHSEE 07

BAIERSBRONN

Der Buhlbachsee ist ein Karsee, ein Relikt aus der letzten Eiszeit und durch Gletscherströme entstanden. Von den einst über 100 Karseen im Nordschwarzwald gibt es heute gerade noch zehn zu bewundern. Die Gemeinde Baiersbronn ist besonders reich gesegnet: Insgesamt fünf Karseen zählt sie auf ihrer Gemarkung. Der Buhlbachsee ist einer davon und eine bezaubernde Oase der Ruhe. Sitzt man an seinem Ufer, so hat man das Gefühl, in eine andere Welt einzutauchen, ohne Termine und Hektik.

Wie auch bei den anderen Karseen erhebt sich seine Karwand hoch über dem Wasserspiegel. Eine Besonderheit des Sees ist seine starke Verlandung und die schwimmende Moorinsel, die sich vom Untergrund gelöst hat. Birken ragen wie Masten eines Flachbootes von der Insel auf. An windstillen Tagen spiegeln sie sich wunderschön im trüben Wasser. Von oben betrachtet hat der Karsee eine birnenförmige Form. Gespeist wird er vom Buhlbach, das Wasser des Sees fließt über die Murg in den Rhein und von dort in die Nordsee. Die Kraft des Wassers haben sich früher auch die Flößer zunutze gemacht: Lange Zeit wurde auf dem Karsee mittels einer künstlichen Schwallung Holz transportiert.

Zu jeder Jahreszeit fasziniert der Buhlbachsee unsere Sinne. Im Winter, wenn die Kälte regiert, das Wasser gefriert und das Leben stillsteht. Im Frühling, wenn liebestolle Frösche und Kröten herumtoben und ihre Leidenschaft laut herausquaken. Später im Sommer, wenn Libellen mit zauberhaft klingenden Namen wie Hufeisen-Azurjungfer oder Adonislibelle über das Wasser tanzen. Im Herbst, wenn eine Nebelwand wie ein Brautschleier den See verhüllt und Leben verschluckt. Hier kann man die Natur in völliger Abgeschiedenheit genießen.

Direkte Anfahrt

Der Parkplatz befindet sich direkt an der B 500 auf Höhe des Bad Peterstal-Griesbacher Ortsteils Zuflucht.

Wandertipp

Von Baiersbronn-Buhlbach aus kann man den Besuch des Buhlbachsees mit einer Wanderung auf dem Lotharpfad auf einer schönen Tour verbinden (15,3 Kilometer).

Kurzlink

out.ac/YiAEp

Von der Sonne in Szene gesetzt – die schwimmende Moorinsel

MATHISLEWEIHER 08

HINTERZARTEN

Direkte Anfahrt

Im Ortszentrum von Hinterzarten gibt es viele Parkmöglichkeiten. Von dort aus ist der Mathisleweiher ausgeschildert.

Wandertipp

Knapp 9 Kilometer lang ist diese Rundtour von Hinterzarten aus zum Mathisleweiher:

Kurzlink

out.ac/PxoM

Eingebettet in eine grandiose Landschaft liegt der See idyllisch in einem Meer aus Grüntönen. Dunkle Tannenwälder umsäumen das Wasserschauspiel, das zarte Grün der Laubbäume bringt schöne Farbtupfer und saftiges Moos umarmt die Felsen. Der Mathisleweiher fügt sich südlich von Hinterzarten harmonisch in die Naturkulisse ein und wirkt verträumt. Startet man die Wanderung vom Kurstädtchen aus, so bezaubert der rasche Wechsel zwischen der offenen Landschaft, den sonnigen Hochweiden und der Dunkelheit des Waldes. Am Weiher angekommen, entzückt sein bernsteinfarbenes Wasser. Alles Naturtöne, die unverfälscht in Szene gesetzt sind.

Der Mathisleweiher ist ein knapp zwei Hektar großer Moorsee. Gespeist wird er unter anderem vom Zartenbach, der durch den Moosteppich des Eschengrundmooses fließt und sich in Hinterzarten mit dem Rotbach vereint. In Kirchzarten mit der Dreisam verschmolzen, durchströmt das Wasser die Schwarzwälder Hauptstadt Freiburg. Lässt man sich eine Weile am Ufer des Mathisleweihers nieder, kann man den Enten bei ihren Schwimmrunden zuschauen. Ab und an erscheinen die Wasserkreise der Fische auf der Oberfläche des glitzernden Sees. Ein malerischer Ort.

Der Name des Weihers geht auf den nahe gelegenen Mathishof zurück. Mathias Benitz, der stolze Erbauer des Hofs, errichtete ihn im Jahr 1708. Samt Mathislemühle und -wald gehört das gesamte Areal nun der Müller-Fahnenberg-Stiftung der Universität Freiburg. Stiftungszweck sind unter anderem die Erforschung von Krebskrankheiten sowie die Förderung der Forstwissenschaft und die Unterstützung von Forststudenten. Ein Naturidyll für den guten Zweck.

Eine gelbe Decke aus Fichtenblütenstaub bedeckt den Weiher

WILDSEE AM RUHESTEIN 09

BAIERSBRONN-RUHESTEIN

Direkte Anfahrt

Direkt an der B 500 liegt das Besucherzentrum des Nationalparks am Ruhestein. Vor Ort befindet sich ein großer Parkplatz.

Wandertipp

Eine schöne Rundtour (10,6 Kilometer) mit einer Einkehrmöglichkeit an der Darmstädter Hütte beginnt am Nationalparkzentrum:

Kurzlink

out.ac/WuzGO

Stille genießen und Kraft tanken, das kann man auch mitten im Trubel an einem Sonntagnachmittag, wenn sich zahlreiche Besucher am Ruhestein einfinden. Denn vielen Wanderern reicht das Panorama vom Aussichtspunkt, den beschwerlichen Weg hinunter zum Wasser nehmen nur wenige in Kauf. Vom Wildsee-Blick und der Euting-Grabstätte sehen wir von oben auf den fast kreisrunden Karsee, ein dunkles Auge, das fasziniert. Ein schmaler Pfad führt von dort über Stock und Stein hinunter zur urwüchsigen Wasserwelt, die in einer tiefen Karseemulde liegt. Alternativ gibt es einen breiteren Wanderweg, der ebenfalls ausgeschildert ist. Doch aufgepasst: Der Wildsee, manchmal auch Wilder See genannt, wird gern mit seinem Namensvetter bei Kaltenbronn verwechselt.

Wie die anderen Karseen entstand er in der letzten Eiszeit und wurde intensiv zu Zeiten der Flößerei genutzt: Der See wurde von Menschenhand aufgestaut und mit Baumstämmen befüllt. Öffnete man die Stauung, so rutschte das Lang- und Scheitholz durch Erdrinnen (auch »Riesen« genannt) oder über Bretter und Sandsteinplatten ins Tal hinunter in die Schönmünz und von da in die Murg. Seit das Flößereigewerbe Ende des 19. Jahrhunderts zum Erliegen kam, ist Ruhe eingekehrt. Heute ist der Karsee umgeben von einem über 100 Jahre alten, wunderschönen Bannwald, dem ältesten Baden-Württembergs, in dem sich die Natur ohne Zutun des Menschen entwickeln kann. Bis an den Uferbereich liegt Totholz kreuz und quer, ein wertvolles Habitat für eine artenreiche Fauna, beispielsweise für viele Käfer, Fledermäuse, Vögel und Reptilien.

Der Wildsee hat eine Fläche von rund 2,4 Hektar und ist bis zu elf Meter tief, eine unergründliche Unterwasserwelt, die ihren Zauber behält. Er macht seinem Namen alle Ehre und entspricht dem Slogan des Nationalparks auf ganzer Linie, ist er doch »eine Spur wilder«.

Versunken im Schnee

NONNENMATTWEIHER 10

KLEINES WIESENTAL-NEUENWEG

Ganz im Süden des Schwarzwalds, unweit des Belchengipfels, wartet ein idyllisch gelegener Weiher auf Wanderer und Badegäste. Eingeschlossen von den dunklen Wäldern, schlummert der kleine Karsee in völliger Ruhe. Ein magischer Ort inmitten der prächtigen Landschaft des Naturschutzgebiets. Der Nonnenmattweiher verzaubert die vielen Besucher. Was ihn besonders macht, ist seine Badebucht. Ein Teil des Sees ist zum Planschen freigegeben, abgegrenzt mit schwimmenden Baumstämmen. Inmitten berauschender Natur das kühle Wasser genießen, unter einem endlosen Himmel, schöner geht es nicht. Der andere Bereich des Nonnenmattweihers ist ein Naturidyll mit einer schwimmenden Torfinsel, die nicht betreten werden darf. Ein Refugium für eine einzigartige Fauna und Flora.

Entstanden ist der Nonnenmattweiher wie seine Brüder im Nordschwarzwald vor über 10.000 Jahren. Er ist ein Relikt aus der letzten Eiszeit und wurde auf natürliche Weise von einem Eisgletscher geformt. Bereits im Mittelalter soll er verlandet gewesen sein, bis er im 18. Jahrhundert aufgestaut wurde. Sein Wasser nutzten die talabwärts liegenden Mühlen und Fischzuchten. Ein Teil des vermoorten Bodens löste sich durch den künstlichen Stau, die Torfinsel entstand. Gespeist wird der Nonnenmattweiher vom Weiherbach und hat heute eine Wassertiefe von bis zu sieben Metern.

Zu seinem Namensursprung gibt es verschiedene Erklärungen. Der schönsten zufolge soll vor langer Zeit ein Nonnenkloster im Weiher versunken sein. Ein flacher Wanderweg führt um den See und ermöglicht es, diese Perle der Natur aus allen Blickwinkeln zu genießen. Doch selbst wenn man sich anstrengt und konzentriert in die unergründliche Tiefe des Sees blickt, eine Klosterruine kann man nicht entdecken …

Direkte Anfahrt

Von Münstertal auf der L 130 über Rotenbuck, Münsterhalden und Hinterheubronn bis zum Parkplatz Nonnenmattweiher fahren.

Wandertipp

Vom Parkplatz Nonnenmattweiher startet eine Rundtour (9,3 Kilometer) mit saftigen Anstiegen, dafür gibt es mehrere Einkehrmöglichkeiten.

Kurzlink

out.ac/WzZHZ

BERNAUER HOCHTAL 01

BERNAU

Direkte Anfahrt

Südwestlich vom Schluchsee gelegen, fährt man auf der L 146 an Menzenschwand vorbei und erreicht anschließend Bernau.

Wandertipp

Viele schöne Ausblicke garantiert der Rundwanderweg um das Hochtal, beginnend am Kurhaus Bernau.

Kurzlink

out.ac/kTIk

Eine Landschaft wie aus dem Bilderbuch. Anders kann man das Bernauer Hochtal nicht nennen. Die Gemeinde hat gerade mal 2.000 Einwohner, doch diese leben in zehn Ortsteilen auf einem breiten und sonnigen Hochplateau. Ein Logenplatz. Dass hier oben der Rohstoff Holz eine große Bedeutung hat, erkennt man auf den ersten Blick: Verstreute Schwarzwaldhöfe dominieren die Landschaft. Gekleidet sind sie mit einem entzückenden Schindelmantel und rote Geranien schmücken die Fenster.

Das Heimatmuseum Resenhof bietet einen Einblick in das ländliche Leben vor gar nicht so langer Zeit. Eine wunderbare Ausstellung informiert interessierte Besucher gekonnt über das Schneflerhandwerk. Diese Kunst, Holz mit Schnitz- und Ziehmessern auf verschiedenste Art zu bearbeiten, war ehemals ein wichtiger Wirtschaftszweig der Gemeinde. Noch Anfang des 20. Jahrhunderts waren in der Ortschaft zahlreiche hoch spezialisierte Holzgewerbe ansässig: der Mäusefallenmacher, der Blasebalgmacher, der Spanschachtelmacher oder der Hobelmacher – allesamt Berufe, die in unserer modernen Zeit ausgestorben sind. Doch deren Erbe kann man bis in die Gegenwart spüren. Auch heute gibt es viel Schönes aus Holz: Von einer Holzbildhauerin bis zu einem Drechsler sind einige holzverarbeitende Unternehmen vor Ort.

Umgeben ist die entzückende Gemeinde von sonnenverwöhnten Wiesen, auf denen Kühe weiden. Ihr Glockengeläut begleitet jede ihrer Kopfbewegungen. Ein Bild wie aus einem Heimatfilm. Vier Gipfel umrahmen die Postkartenidylle: das Herzogenhorn, der Blößling und die beiden Spießhörner, alle von Bernau aus gut erreichbar. Zu Fuß natürlich, denn auf die Gipfel führen keine Straßen. Wie die Wächter der Gemeinde erheben sie sich in den Himmel und bieten von ihren Bergrücken aus schöne Blicke auf das Bernauer Hochtal. Ein Verwöhnprogramm für die Augen.

Frühmorgens, wenn der Nebel das Hochtal bedeckt

MÜNSTERTAL 02

MÜNSTERTAL

Direkte Anfahrt

Von Staufen aus der L 123 in Richtung Schauinsland folgen.

Wandertipp

Schöne Perspektiven auf das Münstertal und Einblicke in die Klostergeschichte bietet der 5,6 Kilometer lange Rundweg, beginnend am Kloster.

Kurzlink

out.ac/4YNAa

Baumfreie Bergrücken, sonnenbeschienene Wiesen und verstreute Schwarzwaldhöfe, die wie Farbtupfer die Landschaft malen. Die Gemeinde Münstertal erstreckt sich von Staufen bis zum Belchen, vom Schauinsland bis nach Badenweiler, ein breites Gebiet, auf dem eine artenreiche Flora gedeiht. Farben so weit das Auge reicht. Begleitet wird der Augenschmaus von sanftem Kuhglockengeläut. Und das hat seinen Grund: Die steilen Hanglagen des Münstertals erlauben keine intensive Mahd. Bunte Magerwiesen haben sich daher entwickelt. Entgegen ihrem Namen sind sie ein Eldorado für eine Vielfalt an Wildpflanzen, »mager« deutet auf die Nährstoffarmut im Boden hin – im Gegensatz zu intensiv bewirtschafteten und gedüngten Wiesen.

Einen Großteil der Mäharbeit verrichten die fleißigen vierbeinigen Helfer, die Hinterwälder. Die alte Rinderrasse ist ein typisches Zweinutzrind für Fleisch und Milch und stammt ursprünglich aus dem Südschwarzwald. Ihr Stammgebiet sind die Hochweiden mit Hangneigungen von bis zu 30 Prozent. Die Statur und die festen Klauen der Hinterwälder ermöglichen es ihnen, sich grazil auf den kargen und schwierigen Hanglagen zurechtzufinden, ohne Trittschäden anzurichten. Von gelbbrauner Farbe mit unregelmäßigen weißen Flecken zählen sie mit ihrer zierlichen Widerristhöhe von ungefähr 125 Zentimetern und einem Gewicht von bis zu 480 Kilogramm zu den kleinsten europäischen Rinderrassen. Durch den Wandel der Landwirtschaft und die Zucht ertragreicherer Rassen, haben die Hinterwälder einen dramatischen Rückgang erfahren, heute gelten sie als Rarität. Anzutreffen sind sie jedoch im schönen Münstertal.

Das Wappen der Gemeinde fasst ihre Geschichte in wenigen Bildern zusammen: Die Mitra steht für das Kloster Sankt Trudpert, während Schlägel und Eisen auf die Bedeutung des Bergbaus hinweisen. Ein entzückendes Tal, in dem es sich gut leben lässt.

Die Hinterwälder – liebenswürdige Bewohner von Münstertal

81 786
647
647

HÖHENWEG VON SANKT MÄRGEN BIS SANKT PETER

SANKT MÄRGEN UND SANKT PETER

03

Kaum verlässt man Sankt Märgen und begibt sich auf den Panoramaberg oberhalb des Gasthauses Hirschen, taucht man ein in die bunte Vielfalt artenreicher Wiesen. Im Frühling blüht der Löwenzahn, wie kleine Sonnenpunkte schmückt er das Grün, später gesellen sich das Labkraut, der Wiesenkerbel und die Schafgarbe hinzu, während der Sauerampfer und der Spitzwegerich ihre Köpfe voller Samen frech in den Himmel recken. Hier auf dem Panoramaweg ist man im Wildpflanzenparadies des Schwarzwalds. Frisch, würzig, lecker. Nicht nur unser Auge ist erfreut, sondern auch unser Geruchssinn. Begleitet wird dieses Erlebnis vom lauten Brummen der Hummeln und dem Summen der Bienen. Man trifft auch auf größere Tiere: Vierbeiner, Vorderwälder-Rinder, die genussvoll Gräser schmatzen und mit ihrem Kuhglockengeläut das romantische Bild des Schwarzwalds vervollständigen.

Können wir uns vom bunten Wiesengemälde lösen und unseren Blick in die Ferne heben, dann entfaltet sich vor uns ein atemberaubendes Panorama. Immer wieder halten wir an und genießen die Aussicht. Bei der Kapfenkapelle angekommen, erblicken wir in der Ferne den Thurner, den Schauinsland und den Feldberg. Die Klostersiedlungen Sankt Märgen und Sankt Peter liegen uns zu Füßen. Beide Gemeinden punkten mit einem hübschen Ortsbild und einer bewegten Geschichte. Der Klostergarten in Sankt Märgen ist sehenswert, die Rokokobibliothek von Sankt Peter verschlägt uns schlicht die Sprache!

Die einfache Strecke des Höhenwegs ist knapp zehn Kilometer lang. Natürlich kann man in den Bus steigen, um zum Ausgangspunkt zurückzukommen. Oder man läuft den herrlichen Weg einfach zurück und belohnt sich zum Abschluss mit einem leckeren Kuchen im Landfrauen-Café Goldene Krone. Schöner kann Wandern nicht sein!

Direkte Anfahrt

Sankt Peter und Sankt Märgen erreicht man am besten über das Glottertal oder über Kirchzarten.

Wandertipp

Der Panoramaweg (9,8 Kilometer) startet in der Ortsmitte von Sankt Märgen.

Kurzlink

out.ac/l3nYx

Eine Landschaft wie gemalt

DURBACHER TAL 04

DURBACH

Sanft hügelige Weinberge so weit das Auge reicht. Das Städtchen Durbach liegt an der Badischen Weinstraße und ist für seinen Weinbau weit über den Schwarzwald hinaus berühmt. Das jahrhundertealte Wappen der Stadt verdeutlicht, wie gut es sich hier leben lässt: Ein roter Kelch, der über drei blauen Bergen schwebt. Genau so kann man die malerische Landschaft rund um den Weinbauort beschreiben. Im Osten dominieren im Hintergrund die Schwarzwaldberge, gesäumt von einem dichten Wald. Idyllisch eingebettet in die Weinberge und umrahmt von Streuobstwiesen wendet die Ortschaft ihr Gesicht der Sonne hin. Im Westen öffnet sich das Durbacher Tal der oberrheinischen Tiefebene.

Ein gut erschlossenes Streckennetz bietet stundenlanges Wanderglück für alle Ansprüche. Von Spaziergängen entlang der Weinpfade bis hin zum anspruchsvollen Aufstieg zum Mooskopfturm gibt es eine Vielzahl an aussichtsreichen Touren. Immer wieder eröffnen sich dabei neue Seitentäler, insgesamt sollen es 42 sein. Dabei reizt der rasche Wechsel zwischen dem schattigen Wald und der sonnigen Weinberglandschaft. Einen herrlichen Rundumblick hat man von Schloss Staufenberg aus. Die hoch über Durbach thronende Burg wurde im 11. Jahrhundert erbaut und in ihrer bewegten Geschichte mehrfach zerstört und wiederhergestellt. Heute kann man von dort das prächtige Panorama bis hin zu den Vogesen genießen, während man genüsslich am Weinglas nippt.

Das Durbacher Tal ist zu jeder Jahreszeit eine Freude, besonders reizvoll ist die Gegend jedoch im Herbst, wenn die goldenen und roten Farbtöne der Reben die herbstliche Zeit feiern.

Direkte Anfahrt
Durbach liegt nordöstlich von Offenburg, nahe der B 3.

Wandertipp
Ein Paradies für Wein- und Wanderfreunde – dieser Rundweg (11,3 Kilometer) beginnt am Durbacher Festplatz und führt durch die Weinberge.

Kurzlink
out.ac/SxaEH

Weitblicke und Wein

ALEXANDERSCHANZE AN DER SCHWARZWALDHOCHSTRASSE

05

FREUDENSTADT-KNIEBIS

Viel befahren und oft als Rennstrecke missbraucht, ist die Schwarzwaldhochstraße doch eine besondere Höhenstraße: eine wunderschöne Panoramastrecke und mehr als nur ein Zubringer für Natur- und Sportbegeisterte. Sie führt von Baden-Baden nach Freudenstadt und erlaubt immer wieder herrliche Blicke in die Weite. Auf die Hornisgrinde, die sich majestätisch erhebt, die Vogesen, die hinter der Rheinebene zum Vorschein kommen, den dichten Wald, der den Nordschwarzwald prägt. Doch man muss schon einiges an Willenskraft aufbringen, um den vielen Verkehr und die Motorengeräusche zu ignorieren.

Dabei war die Schwarzwaldhochstraße vor nicht mal 100 Jahren ein Holzabfuhrweg, der in steilen Kurven in die Wälder führte. Erst in den 30-Jahren des letzten Jahrhunderts wurde eine erste Autostraße gebaut, ursprünglich für den im Aufbau befindlichen Tourismus. Noch vor dem Zweiten Weltkrieg ging die Strecke lediglich bis zum Mummelsee. Die Nationalsozialisten erkannten den strategischen Nutzen der Schwarzwaldhochstraße und bauten sie eifrig aus, bis sie bis zur Alexanderschanze reichte. Doch erst seit den 70er-Jahren verläuft die Höhenstraße so, wie wir sie heute kennen.

Wem der viele Verkehr und der Lärm nichts ausmacht, sollte nicht nur rasch weiterfahren, sondern anhalten und die Weitblicke genießen. Eine lichte Vegetation, die verzaubert. Gerade um die Alexanderschanze herum haben die stürmischen Böen, die hier gerne fegen, die Bäume in bizarre Posen verbogen. Die Birken erscheinen wie in weißen Tüll gehüllte Tänzerinnen, die ihre filigranen Arme in den Himmel recken und sich im Wind wiegen. Vor allem im Winter ist das Naturschauspiel besonders reizvoll. Oder im Herbst, wenn die gelben Blätter einen eleganten Kontrast zu ihrer Rinde zeichnen.

Direkte Anfahrt

Die A 5 oder B 3 bis nach Baden-Baden nehmen, von dort auf der B 500 der Beschilderung nach Freudenstadt folgen.

Wandertipp

Alexanderschanze, Rosshimmel-Wasserfall und Ellbachsee verbindet eine traumhaft schöne Wanderung auf rund 10 Kilometern. Startpunkt ist das Besucherzentrum Schwarzwaldhochstraße bei Kniebis.

Kurzlink

out.ac/SKElx

Wie Tänzerinnen auf einer Naturbühne

SIMONSWÄLDER TAL 06

SIMONSWALD

Im Herzen des Schwarzwalds liegt ein Tal, das alle Sehnsüchte stillt. Egal, ob Landschaftsbewunderer, Sportfreaks, historische Schatzsucher oder Genussmenschen, im Simonswald bleiben keine Wünsche offen. Dabei kann das Tal weder mit den höchsten Bergen des Schwarzwalds werben noch mit romantischen Karseen trumpfen. Und doch verzaubert hier eine Ursprünglichkeit mit einem ganz eigenen Charakter: unverfälscht, wild und romantisch zugleich.

Von den westlichen Ausläufern bis hoch nach Gütenbach und Furtwangen erstreckt sich das Simonswälder Tal auf zehn Kilometern Länge, malerisch begleitet vom Rauschen des Gebirgsbächle der Wilden Gutach. Die Gemeinde ist nicht nur in die Länge gezogen, sondern auch stark verzweigt, denn vom Haupttal gehen zahlreiche Seitentäler ab. Die höchsten Erhebungen des Simonswälder Tals sind die Nordhänge des Kandels, die für frische Luft in den Lungen und klare Gedanken im Kopf sorgen. Die Zweribacher Wasserfälle und der in einen Baumstamm eingewachsene Balzer Herrgott in Gütenbach sind weitere Glanzlichter der Ferienregion.

Neben stundenlangem Wanderglück hält die Gemeinde besondere historische Leckerbissen bereit. So ist in dem »Mühlen-Hotspot« mit einst 86 Mühlen noch heute die Kraft des Wassers zu spüren. Zum Beispiel in der 300 Jahre alten kulturhistorischen Ölmühle, die von einem aktiven Brauchtumsverein betrieben wird. Im Stil eines Heidenhauses erbaut, kann man nicht nur erleben, wie Walnüsse zu hochwertigem regionalem Öl gepresst werden, sondern sich auch an dem liebevoll eingerichteten Wohnteil samt schmuckem Kachelofen und Trachtenausstellung erfreuen. Das Simonswälder Tal bietet Urlaub vor der Haustür!

Direkte Anfahrt

Von der Gemeinde Gutach im Breisgau aus der L 173 folgen in Richtung Gütenbach.

Wandertipp

Der Mühlenwanderweg (9,2 Kilometer) ist sehr empfehlenswert: ein Museum unter freiem Himmel. Er beginnt in der Ortsmitte und führt an einigen Mühlen vorbei.

Kurzlink

out.ac/IHyZA

Im Tal der klappernden Mühlen

MENZENSCHWANDER ALB 07

ST. BLASIEN-MENZENSCHWAND

Direkte Anfahrt

Vom Feldberg und dem Bärental aus Richtung Schluchsee fahren und bei der Ortschaft Aha auf die L 146 Richtung Menzenschwand abbiegen.

Wandertipp

Ziegenglockengeläut, Bergwiesen und ein Wasserfall: Der Geißenpfad (10,5 Kilometer) geizt nicht mit Atmosphäre und beginnt am Wanderparkplatz am nördlichen Ortsrand von Menzenschwand.

Kurzlink

out.ac/lxLWB

Südlich des Feldbergs erstreckt sich die Schwarzwaldgemeinde Menzenschwand, ihre drei Ortsteile reihen sich aneinander wie Perlen an einer Schnur, bis zur Gemeinde Sankt Blasien. Östlich grenzt der Schluchsee an die Menzenschwander Alb, während im Westen das Herzogenhorn über der Ortschaft thront. Geprägt ist die Landschaft von den früheren Gletscherströmen des Feldbergs, als noch eine dicke Eisschicht die Region bedeckte. So entstanden ein breites Tal auf der einen und eine eingeschnittene Schlucht mit Wasserfällen auf der anderen Seite. Zu ihren Füßen saftige Bergwiesen so weit das Auge reicht. Und mittendrin in dieser Bilderbuchlandschaft ein idyllisches Schwarzwalddorf, ganz in Holz gehalten, das einem Heimatroman entsprungen zu sein scheint.

Die Gemeinde verzückt mit ihren dunkel geschindelten Bauernhöfen mit tief heruntergezogenen Walmdächern, bemalten Holzfensterläden und bunten Geranien. Sie erzählen Geschichten aus einer anderen Zeit, als die Menschen hier noch von dem Holzschlag, der Holzverarbeitung und der Viehwirtschaft abhängig waren. Kühe und Ziegen lassen sich die würzigen Bergkräuter nach wie vor schmecken, doch die Gemeinde lebt heutzutage hauptsächlich vom Tourismus. Bekannt ist die kleine Ortschaft für ihr Thermalbad, das Gesundheitsanwendungen zur Steigerung der körperlichen Vitalität anbietet.

Die hübsche Gemeinde hat auch einen berühmten Sohn: den Maler Franz Xaver Winterhalter. Geschätzt wurde er für seine Porträts der Adligen Europas, zu seinen bedeutendsten Werken zählt das Bildnis der österreichischen Kaiserin Elisabeth »Sisi«. Ein Museum ist ihm und seinem Bruder gewidmet. Ganz schön viele Vorzüge für so eine kleine Ortschaft!

Eintauchen in das satte Grün

ACHERTAL 08

VON ACHERN BIS SEEBACH

Direkte Anfahrt

Zwischen Offenburg und Achern gelegen, fährt man am besten auf der B 3 und folgt nach der Abzweigung Achern der L 87 bis Seebach.

Wandertipp

Die Schnapsbrunnentour (rund 6 Kilometer) startet am Marktplatz in Kappelrodeck und führt an erfrischenden Schnapsbrunnen vorbei.

Kurzlink

out.ac/kRyA

Ob bummeln oder Rotwein verkosten, ob wandern oder die Seele baumeln lassen: Das Achertal ist so vielseitig wie seine wunderschöne Landschaft. Die Region erstreckt sich von der Stadt Achern über die Weinberge bei Kappelrodeck, das Mühlendorf Ottenhöfen und die Mummelseegemeinde Seebach bis hin zum Höhengebiet der Hornisgrinde. Zwischen saftig grün und blumig bis dunkel und karg – die Gegend bietet eine unglaubliche Bandbreite an Annehmlichkeiten und Facetten. Nicht nur für das Auge ist hier reichlich was geboten, sondern alle Sinne werden im Achertal bedient.

Das von der Sonne verwöhnte Tal öffnet sich zum Rhein hin und liegt gerade mal auf 145 Höhenmetern. Zum Osten und Nordosten hin steigt es dramatisch an, bis es die Hornisgrinde auf 1.164 Metern erreicht. Insgesamt ist es 21 Kilometer lang, sodass stundenlanges Wanderglück bei potenziell vielen Höhenmetern garantiert ist. Auf den Wegen begleiten zunächst duftende Streuobstwiesen und sanft hügelige Rebberge die Schritte. Dahinter beginnen die weiten Wälder der Gemeinden Ottenhöfen und Seebach, die schließlich den Blick auf den Gipfel der Hornisgrinde mit ihrem kargen Terrain freigeben. Der sagenumwobene Touristenliebling Mummelsee gehört ebenso zur Region wie das Hochmoor der Hornisgrinde und das Nationalparkzentrum Ruhestein.

Ob Kultur und Einkaufen in Achern, eine Wanderung entlang der Reben mit Verkostung der klaren »Wässerchen« an den einfallsreichen Schnapsbrünnele in Kappelrodeck, der Besuch der schaurig-schönen Edelfrauengrab-Wasserfälle und des abenteuerlichen Karlsruher Grats in Ottenhöfen oder das Eintauchen in die Hochmoorlandschaft in luftiger Höhe – das Achertal bietet auf relativ übersichtlichem Raum die gesamten Vorzüge des Schwarzwalds.

Wo sich dichte Wälder und liebliche Weinberge unter dem Himmel vereinen

BASLER TAL 09
SCHÖNWALD

Direkte Anfahrt
Am Ortsausgang von Schönwald Richtung Furtwangen in den Oberort abbiegen und bis zum Hotel zum Ochsen fahren, dort beginnt das Tal.

Wandertipp
Der Gutenrundweg (3,5 Kilometer) startet am Parkplatz Gutenhöhe und führt an der Hubertuskapelle vorbei.

Kurzlink
out.ac/3vZISv

Als wäre die Zeit stehen geblieben. Kein Verkehr, keine Werbeschilder, keine Hektik. Und nur wenig Lärm. In der Ferne hören wir einen Traktor ganz schwach vor sich hin tuckern. Umgeben von saftigen Wiesen so weit das Auge reicht, richten wir unseren Blick nun auf die unendliche Weite des Himmels. Wir beobachten einen Milan, der seine eleganten Kreise zieht und aus der Höhe die Felder auf mögliche Beute inspiziert. Wären wir ein Greifvogel, würden wir es ihm gleichtun und ebenfalls diese schöne Gegend als unser Zuhause wählen.

Das Basler Tal liegt verschlafen südöstlich der bekannten Wintersportgemeinde Schönwald. Schön und Wald, genau so kann man dieses Fleckchen Erde auch beschreiben. Und zwischendrin die schier endlose Weite der Wiesen. Ganz am Talende entspringt die Gutach. Gemächlich mäandert sie durch das Grün. Nichts lässt erahnen, dass sie sich nur wenige Kilometer weiter bei Triberg über 160 Meter in sieben Kaskaden dramatisch in die Tiefe stürzt.

In unmittelbarer Nähe der Quelle steht die Hubertuskapelle friedlich am Talgrund. Um 1600 erbaut, wurde sie ab 1989 vom Schönwälder Heimat- und Gewerbeverein gründlich saniert und mit alten Materialien liebevoll renoviert. Der Altar ist von zwei Ölgemälden umrahmt: von dem einen wacht Sankt Hubertus, der Schutzpatron der Jäger, über die friedvolle Atmosphäre, vom anderen Sankt Wendelin, der Beschützer von Hof und Haustieren. Ein wundervoller Ort – und das im wahrsten Sinne des Wortes. Eine drei Jahrzehnte lang verschwundene Christusfigur ist während der Renovierungsarbeiten auf unerklärliche Weise aufgetaucht. Einfach so, eines Tages war sie wieder da.

Als wäre die Zeit stehen geblieben

DIE
GUTACHQUELLE

LÖFFELTAL 10
HINTERZARTEN

Direkte Anfahrt
Das Auto einfach am Bahnhof in Hinterzarten parken und von dort aus loswandern. Das Löffeltal ist ausgeschildert.

Wandertipp
Diese kurze Rundtour (6,8 Kilometer) verbindet das Löffeltal mit der Ravennaschlucht und startet am Wanderparkplatz beim Hofgut Sternen. Die Wanderung kann man auch in Hinterzarten beginnen.

Kurzlink
out.ac/eimUA

Zwischen dem engen Höllental und dem sonnigen Hinterzarten liegt ein kleines Juwel. Die Rede ist vom romantischen Löffeltal, einem Museum unter offenem Himmel, das für die Öffentlichkeit frei zugänglich ist. Was für ein unglaubliches Glück!

Das malerische Löffeltal schlängelt sich entlang des rauschenden Rotbachs. Ein lichter Wald und eine bezaubernde Pflanzenvielfalt säumen den breiten Weg, der zum touristischen Mekka Hofgut Sternen und dem vielen Verkehr auf dem Höllsteig führt. Doch noch ist es ganz still, denn wir sind im Löffeltal, wo einst Löffel geschmiedet wurden. Hört man genau hin, so könnte man meinen, in der Ferne den Klang der Mühlen zu vernehmen. Wirtschaftliche Bedeutung erlangte das Tal im 19. Jahrhundert, als mehrere Mühlen und Sägen betrieben wurden, bewegt durch die reine Wasserkraft des Rotbachs.

Der Weg führt zunächst an einer ehemaligen Löffelschmiede vorbei, um dann zu der beeindruckenden Klingenhofsäge zu leiten, einer Klopfsäge aus dem Jahre 1828. Abgeleitet vom Bach, wird das Wasser durch einen kleinen Kanal zum Mühlrad gelenkt. Setzt es sich in Gang, wird im Inneren eine Vielzahl an faszinierenden Interaktionen aus Wellbaum und Hubwalzen ausgelöst, um letztendlich das Sägegatter zu aktivieren. Mit seinem Gewicht von fünf Zentnern zersägt es wuchtige Baumstämme in dicke Bretter. Eine Handwerkskunst, die noch heute regelmäßig demonstriert wird. Weiter führt der Weg zu einer Hochgangsäge, bis man schließlich am Talende das Hofgut Sternen mit seinen vielen Attraktionen erreicht.

Im Löffeltal erlebt man das Wasser als treibende Kraft, eine jahrtausendealte, umweltfreundliche Energiequelle. Heute aktueller denn je.

Ein Freilichtmuseum und ein kleines Juwel – das Löffeltal

KLOSTERRUINE HIRSAU 01

CALW-HIRSAU

Auch wenn wir uns heute nur noch an den Ruinen des Klosters Hirsau erfreuen können, lassen diese doch erahnen, wie glanzvoll diese Anlage zu ihrer Hochzeit ausgesehen haben muss. Ihre schiere Größe kann nur verzaubern: Roter Sandstein und grüne Wiesen so weit das Auge reicht.

Angefangen hat alles mit den Gebeinen des heiligen Aurelius, die um das Jahr 830 von Italien nach Hirsau in die Aureliuskirche des Vorläuferklosters überführt wurden. Nach dem Verfall der Glaubensstätte wurde im 11. Jahrhundert ein neues Kloster erbaut, das sich der cluniazensischen Reformbewegung anschloss. Ihren Ursprung hatte diese Neuausrichtung, die sich gegen eine Verweltlichung der Kirche aussprach und eine Rückbesinnung auf die strenge Benediktsregel forderte, im 10. Jahrhundert in Frankreich. Die Hirsauer Abtei avancierte zu einem der bedeutendsten Klöster Deutschlands – bis zu den Reformbewegungen im 16. Jahrhundert und der Umwandlung in eine evangelische Klosterschule. Zu dieser Zeit ließ Herzog Ludwig von Württemberg ein Jagdschloss in Hirsau errichten: Die Überreste des Renaissance-Baus grenzen unmittelbar an die Klostermauern.

Die gesamte Anlage wurde 1692 von französischen Truppen zerstört und verfiel. Neben den vielen Ruinen sind heute die Marienkapelle und der Eulenturm vollständig erhalten geblieben. Der aus rotem Sandstein erbaute Turm ragt 37 Meter in die Höhe und wurde im Jahr 1120 fertiggestellt, ein Meisterwerk seiner Zeit. Bemerkenswert ist der Fries, der ihn bis heute schmückt: Menschen- und Tierwesen, die einen Teil der Klostergeschichte auf eine bis heute rätselhafte Weise erzählen.

Direkte Anfahrt

Hirsau liegt nördlich von Calw in Richtung Bad Liebenzell. Das Kloster befindet sich im Zentrum der Ortschaft.

Wandertipp

Die aussichtsreiche Wandertour (10,3 Kilometer) startet direkt unterhalb der Klosteranlage:

Kurzlink

out.ac/xvFrE

Eine Glaubensstätte der Superlative

HOCHBURG 02
EMMENDINGEN

Direkte Anfahrt
Die Hochburg liegt zwischen Emmendingen und Gutach im Breisgau nördlich von Sexau.

Wandertipp
Die Rundtour (knapp 15 Kilometer) startet direkt am Bahnhof Emmendingen und führt an schönen Streuobstwiesen vorbei.

Kurzlink
out.ac/LKtkG

Erzählt wird von einer Jungfrau mit langem Zopf und einem betörenden Lied, ein wenig Rapunzel und Loreley-Nixe in einem. Oder von einem Hirtenbuben, der zwölf rätselhaften Männern in goldenen Gewändern begegnet. Einige sagenhafte Geschichten ranken sich um die Hochburg bei Emmendingen. Bei diesem beeindruckenden Gemäuer, das noch heute als Ruine hoch in den Himmel ragt, ist das kein Wunder. Sicherlich hat es in seiner Vergangenheit schon viele Betrachter zum Dichten und Träumen verleitet.

Eindeutig belegt ist der Ursprung der Burg nicht, eventuell reicht ihre Historie bis in die Zeit Karls des Großen zurück, zum Anfang des 9. Jahrhunderts. Erst durch den Einzug der Markgrafen von Baden-Hachberg im 12. Jahrhundert und den Ausbau zu einem repräsentativen Sitz schreibt sich die Burg in die Annalen der Geschichte ein. Herrscherdomäne, militärische Festung und Verwaltungsstandort, die Hochburg hat bereits eine bewegte Vergangenheit hinter sich, als sie im 16. Jahrhundert unter Markgraf Karl II. zu einem Renaissanceschloss und einer zeitgemäßen Verteidigungsanlage umgebaut wird. Doch schon ein Jahrhundert später fällt sie dem Sonnenkönig und seinen gierigen Truppen zum Opfer und wird zerstört. Übrig geblieben ist bis heute ein beeindruckendes Mauerwerk.

Auf drei Stufen erstreckt sich die Anlange: von der untersten Ebene des Festungsrings bis zur Oberburg mit dem größten Gebäude, dem Palas. Was einem aber die Sprache verschlägt, ist die riesige Dimension der Burg: In der Nord-Süd-Ausrichtung ziehen sich ihre Mauern beinahe 250 Meter in die Länge. Umrahmt wird die imposante Szenerie von einer Rebenlandschaft, die ihr zu Füßen liegt und sie theatralisch in Szene setzt. Ein spannender Ausflug in die Zeitgeschichte des Schwarzwalds.

Reise in die Vergangenheit

KLOSTERRUINE BAD HERRENALB

BAD HERRENALB

Dass in Eden üppiges Grün wuchs, ist anzunehmen. Dass dies auch im »Paradies« Bad Herrenalb der Fall ist, ist allerdings recht erstaunlich. Auf der alten Mauer des »Paradieses«, der Vorhalle zur Klosterkirche, reckt sich auf dem Rundbogen eine Kiefer dem Himmel entgegen. Kerzengerade und stattlich steht sie da, als Verbindung zwischen Erde und Kosmos. Doch woher nimmt sie ihre Lebenskräfte? Wasser und lebensnotwendige Nährstoffe bezieht sie aus den Wurzeln, die sich ihren mühsamen Weg zwischen dem Gemäuer gebahnt haben, um zur Erde zu gelangen. Auf den ersten Blick ein außergewöhnlicher Standort. Und doch hat sie ihren himmlischen Platz gefunden.

Die Vorhalle wurde um 1200 erbaut, nach Vollendung der romanischen Klosterkirche. Sie diente als Versammlungsraum der Laienbrüder und gleichzeitig als Beisetzungsstätte der Adligen aus der Region. Das eigentliche Kloster wurde 1149 als Zisterzienserabtei gegründet. Ein Orden, der die Regeln des heiligen Benedikts wieder in ihrer ursprünglichen Strenge befolgen wollte. In völliger Abgeschiedenheit sollte man nach den Grundprinzipien »ora et labora« leben.

Wie groß der Einflussbereich des Klosters war, veranschaulichen die Informationstafeln rund um das Gebäude. Dort erfährt man zum Beispiel, dass das Kloster um 1450 rund 300 Quadratkilometer Land und 37 Dörfer besaß – für heutige Verhältnisse unvorstellbar. Im 16. Jahrhundert wurde es im Bauernkrieg geplündert und gebrandschatzt, um ein Jahrhundert später, im Dreißigjährigen Krieg, von schwedischen Truppen zerstört zu werden.

Im Inneren der Klosterkirche können bis heute romanische Bauelemente bewundert werden. Bemerkenswert ist zudem das prächtig gestaltete Grabmal des Markgrafen Bernhard I. von Baden (1364–1431). Links vom Altar ist das lebensgroße Abbild des Verstorbenen auf einer Grabplatte plastisch dargestellt, als würde er schlafen. Ein beeindruckender Ausflug in die Klostergeschichte.

03

Direkte Anfahrt

Bad Herrenalb liegt zwischen Gernsbach und Dobel. Das Kloster befindet sich im Zentrum, ein großer Parkplatz ist vor Ort.

Wandertipp

Ein kurzer Rundweg (2,5 Kilometer) erläutert Interessantes zur Geschichte von Bad Herrenalb:

Kurzlink

out.ac/G7HxB

Ein erstaunlicher Standort für eine Kiefer

ALTES SCHLOSS HOHENBADEN 04

BADEN-BADEN

Sich einmal im Leben wie ein Burgfräulein oder ein Ritter fühlen, das verspricht die Burg Hohenbaden hoch oberhalb der mondänen Kurstadt Baden-Baden. Sie steht in exponierter Lage auf einem Ausläufer des Battertfelsen. Als Stammsitz der Herren von Baden, deren Geschlecht zu Markgrafen avancierte, vereint sie zahlreiche Bauepochen: Von romanischen bis hin zu hochgotischen Elementen hat die Burg einiges zu bieten. Die originäre Anlage stammt aus dem 12. Jahrhundert und wurde über die Jahrhunderte immer wieder erweitert. Der älteste Teil, die Oberburg, liegt auf dem höchsten Punkt. Flankiert wird er von der Unterburg aus dem 15. Jahrhundert und der Vorburg aus dem 19. Jahrhundert. Dieser imposante Burgenkomplex zeigt unterschiedlichste Baustile an einem Ort – Architekturgeschichte zum Anfassen.

Von der einst stattlichen Residenz der Markgrafen sind bis heute beeindruckende Elemente erhalten geblieben: riesige Räumlichkeiten, große Fensterfronten, gewölbte Kellerräume, reich verzierte Steinmetzarbeiten, monumentale Kamine, Säulen und in Stein gemeißelte Wappen. Der Besuch der Burg gleicht einem Spaziergang durch die Jahrhunderte.

Vor allem der Bernhardsbau ist sehenswert, ein hochgotisches Wohngebäude, das weit in den Himmel reicht. Über eine Vielzahl an Treppen geht es in schwindelerregende Höhen, immer weiter, immer höher, bis der Blick auf ganz Baden-Baden und die umliegenden Wälder frei wird.

Auf ihrem Felssporn stehend, beschützt vom Battertfelsen im Rücken, ist allein die Vorstellung abwegig, die Burg stürmen zu wollen. Noch heute wirkt sie mit ihren dicken Mauern wie ein Adlerhorst in luftiger Höhe.

Direkte Anfahrt

Von der Innenstadt Baden-Badens nimmt man die Leopoldstraße, biegt in den Alten Schossweg ab und fährt bis zur Burg. Ein Parkplatz befindet sich vor Ort.

Wandertipp

Eine schöne Tour mit tollen Ausblicken bietet der Rundwanderweg (9,1 Kilometer), der am Ortsausgang von Baden-Baden startet. Er verbindet das Alte Schloss Hohenbaden, die Aussichtsplattform Ritterplatte und den Battertfelsen.

Kurzlink

out.ac/X9kdV

Das Alte Schloss Hohenbaden ragt majestätisch in den Himmel

KLOSTERRUINE FRAUENALB 05

MARXZELL

Direkte Anfahrt

Zwischen Marxzell und Bad Herrenalb gelegen, an der L 564.

Wandertipp

Ein Ausflug in die Klostergeschichte bietet der Rundweg (8,4 Kilometer), der die Klöster Frauenalb und Herrenalb verbindet.

Kurzlink

out.ac/esIOM

Auf der Gemarkung der Gemeinde Marxell, ganz im Norden des Schwarzwalds, befindet sich mitten auf einer Lichtung eine prächtige Klosterruine. Nur wenige andere Häuser umstehen den großen Gebäudekomplex. Besucher können sich dem malerischen Charme des Verfalls nicht entziehen, der diesen Ort umgibt.

1180 als Benediktinerkloster von der Adelsfamilie der Ebersteiner gegründet, wohnten hier Töchter aus adligen Familien. Unverheiratete oder verwitwete Frauen sollten in einem geeigneten geistlichen Umfeld Schutz erhalten. Doch ganz uneigennützig war die Gründung nicht: Die Mitgiften und Schenkungen der Familien, die die Frauen entsandten, steigerten das Vermögen der Stifterfamilie.

Wie so oft in der Geschichte folgten Zwist zwischen den lokalen Herrscherfamilien, Feuersbrünste und Plünderungen. Nachdem im Jahr 1508 ein Brand an Mariä Lichtmess nahezu alle Gebäude zerstört hatte, erlebte das Kloster unruhige Zeiten während der Reformation. Ende des 16. Jahrhunderts wurde es protestantisch, nur um 30 Jahre später rekatholisiert zu werden. Von 1727 bis 1733 wurde die doppeltürmige Klosterkirche unter dem Baumeister Peter Thumb erbaut. Doch bereits 1803 erfolgte die Säkularisierung. Mit der Aufhebung des Klosters fiel die Anlage an den badischen Staat. Wertvolle Einrichtungsgegenstände wurden veräußert und das Anwesen diente kurzzeitig sogar als Militärlazarett. Ab 1819 wurde es an private Eigentümer versteigert, sodass es vielfältige Nutzungen erfuhr: Die Mauern beherbergten etwa eine Tuchfabrik, eine Weberei, eine Färberei und eine Bierbrauerei. Über die Jahre brachen mehrere Feuer aus und hinterließen einen Ruinenkomplex. Heute wird die Klosterruine kulturell genutzt. In der zauberhaften Atmosphäre eines »Lost Places« finden regelmäßig Konzerte statt.

Eine Klosterruine gigantischen Ausmaßes

KLOSTER ALPIRSBACH 06

ALPIRSBACH

Direkte Anfahrt

Die L 294 führt durch Alpirsbach, das Kloster sieht man von der Straße aus.

Wandertipp

Schöner Rundweg (knapp 10 Kilometer) auf den Höhen von Alpirsbach, beginnend am Bahnhof. Eine Erfrischung bietet hinterher die Klosterbrauerei.

Kurzlink

out.ac/ISgulp

Mit ein wenig Fantasie kann man sie vor dem inneren Auge sehen, wandelnde Mönche, die im Kreuzgang ihrem Abt folgen. Der im gotischen Stil errichtete und wunderbar erhaltene Innenhof des Klosters Alpirsbach erlaubt einen Einblick in den vergangenen Alltag der Ordensgemeinschaft.

Die ehemalige Benediktinerabtei wurde Ende des 11. Jahrhunderts gebaut, in einer Zeit, in der viele Klöster gegründet wurden und der Schwarzwald eine zunehmende Besiedlung erfuhr. Die Gewinnung von Weideland, der immense Bedarf an Holz und die reichhaltigen Erzvorkommen beschleunigten diese Entwicklung. Stifter des Klosters waren drei Adlige: Graf Alwik von Sulz, Graf Adalbert von Zollern und Ruotmann von Neckarhausen. Nach einem ersten Abt aus Sankt Blasien, bereits zu damaligen Zeiten ein bedeutendes Kloster, folgten Äbte aus der angesehenen Benediktinerabtei in Hirsau. Diese war Ausgangspunkt der Hirsauer Reform, einer Bewegung, die im burgundischen Kloster Cluny ihren Anfang genommen hatte. Ziel war es, das klösterliche Leben dem Einfluss des Adels zu entziehen und von weltlichen Mächten unabhängig zu werden. Die Rückbesinnung auf die strenge Benediktsregel und ein monastisches Leben in Armut, Gehorsam und Keuschheit sowie die freie Wahl des Abtes waren zentrale Bestandteile der Reform. Weder Abstammung noch Geldbeutel sollten den Ausschlag geben, wer das Kloster führte. Doch nichts ist von Dauer. Bereits wenige Jahrhunderte später waren die mönchischen Ideale vergessen, der zunehmend weltliche Lebenswandel der Mönche führte zum Niedergang des Klosters.

Erst im 15. Jahrhundert erfuhr das Kloster eine erneute Blütezeit unter den Äbten Georg Schwarz und Hieronymus Hulzing, die einige bauliche Veränderungen veranlassten. Im 16. Jahrhundert wurde es im Zuge der Reformation aufgehoben und eine evangelische Klosterschule gegründet. Zahlreiche Funde aus dieser Zeit sind im Klostermuseum ausgestellt. Die fahrende Orgel in der Klosterkirche ist einmalig.

Ein Ausflug in die sakrale Vergangenheit

BURGRUINE ZAVELSTEIN 07
BAD TEINACH-ZAVELSTEIN

Eine Burg zum Träumen in einem Städtchen zum Verlieben, so präsentiert sich Zavelstein dem neugierigen Betrachter. Auf einer Bergnase in erhabener Position errichtet, bietet sie einen herrlichen Rundumblick auf das Tal der Teinach.

Erstmalige Erwähnung findet die Burg 1289 als herrschaftlicher Sitz eines Ritters, der als Verwalter für die Ländereien der Grafen von Vaihingen diente. Über die Pfalzgrafen von Tübingen erlangten 1345 die Grafen von Württemberg die Herrschaft über die Burg. Weitergereicht wie ein Spielball, wechselte Zavelstein im weiteren Verlauf regelmäßig die Besitzverhältnisse, Pfand- und Lehensinhaber gaben sich die Klinke in die Hand, je nach finanzieller Lage, Gunst und Missgunst.

Erwähnenswert ist die Besitznahme Zavelsteins durch Benjamin Buwinghausen von Wallmerode 1616, der die in die Jahre gekommene Burg aufwendig restaurieren und zu einem Schloss umbauen ließ. Das Bauglück währte nicht lange: Bereits 1692 wurde die Anlage von französischen Truppen zerstört und verfiel. Heute erkennt man in den Ruinen die architektonische Vielfalt der Baugeschichte, die vom Hoch- und Spätmittelalter bis zur Renaissance reicht. Gut sichtbar sind die Zangenlöcher an den Quadersteinen des Turms aus der frühen Zeit. An ihnen setzten die Zangen an, mittels derer die Sandsteine an hölzernen Tretkränen in die Höhe gezogen wurden. Ganz schön schlau!

Mitte des 19. Jahrhunderts wurde der Treppenaufgang des mittelalterlichen Bergfrieds erneuert. So kann man von hoch oben auf das hübsche »Städtle« Zavelstein blicken, ein denkmalgeschütztes Ensemble, das im März von Krokuswiesen umrahmt wird. Ein historisch und landschaftlich genussvoller Ausflug.

Direkte Anfahrt

Von Calw kommend auf der B 463 bleiben und nach Kentheim auf die L 347 abbiegen. Der Beschilderung bis Zavelstein folgen.

Wandertipp

Eine der schönsten Touren des Schwarzwalds: der Teinacher (knapp 12 Kilometer). Mit vielen Höhenmetern ist dieser Premiumwanderweg recht anspruchsvoll. Offizieller Start ist in Bad Teinach, ein Einstieg bei der Burg Zavelstein ist ebenfalls möglich.

Kurzlink

out.ac/3tUi4

Das Herzstück der hübschen Altstadt

BURGRUINE HOHENGEROLDSECK 08
SEELBACH

Hoch oberhalb der Gemeinde Seelbach thront die Burgruine majestätisch auf dem Schönberg und reckt ihre imposanten Mauern dem Himmel entgegen, ein Blickfang zwischen dem Kinzig- und Schuttertal auf dem »schönen Berg«. Von vielen umliegenden Gipfeln aus ist die Höhenburg gut sichtbar, eine strategisch vorteilhafte Position auf einem befahrenen Pass. Und das seit einem Dreivierteljahrtausend.

Die erste Erwähnung einer Burg Geroldseck findet sich in einem päpstlichen Brief aus dem Jahr 1139, doch diese stand damals noch auf dem Rauhkasten. 1250 wird die Burg Hohengeroldseck auf dem Schönberg errichtet. Der damalige Bauherr ist Walther I. von Geroldseck. Wie so oft in der Geschichte folgen Erzählungen von Streitigkeiten und einer Entfremdung zwischen Brüdern, von Belagerung und Vertreibung, von frühzeitigem Ableben und geänderten Machtverhältnissen. 1689 wird die Höhenburg von den Truppen des französischen Königs Ludwig XIV. komplett zerstört. Sie brennt vollständig aus und ist seitdem eine Ruine. Die Linie der einstigen Besitzer, das Haus Cronberg, stirbt aus, die Grafen von der Leyen aus dem Hunsrück erhalten 1711 das Lehen und somit die Herrschaft über Hohengeroldseck. Bis heute ist die Familie Eigentümerin der Burganlage. Zur Erhaltung der Ruine wurde 1958 eigens ein Verein gegründet, der den Bau bis heute betreut.

Die Überreste der Burg lassen ihre einstige imposante Erscheinung erahnen. Besonders beeindruckend sind die weitestgehend erhaltenen Außenmauern des Palas, die auf dem Porphyrfelsen stehen. Insgesamt ragt das Gebäude somit rund 33 Meter in die Höhe. Steigt man die Wendeltreppe zum oberen Wehrgang hinauf, eröffnet sich ein fantastischer Weitblick in die reizvolle Landschaft und man versteht, warum Walther I. von Geroldseck die Burg hier hat errichten lassen.

Direkte Anfahrt
Zwischen Seelbach und Biberach gelegen, fährt man über den Schönberg. Auf der Passhöhe befindet sich ein Parkplatz, von dort geht es zu Fuß weiter.

Wandertipp
Diese kurze Rundtour (3,2 Kilometer) führt vom Parkplatz zur Burg:

Kurzlink
out.ac/3qqzg

BURGRUINE HOHENSCHRAMBERG 09
SCHRAMBERG

Eine felsige Landschaft zwischen der Rheinebene und den Höhen der Baar, ein direkter Zugang zum Flüsschen Schiltach – kein Wunder, dass Schramberg ein prädestinierter Standpunkt für eine Burg war. Oder besser gesagt: gleich fünf Burgen! Erhalten geblieben sind drei Ruinen, von den anderen Burgen finden sich lediglich Mauerfragmente. Die eindrucksvollste im Quintett ist Hohenschramberg. Eine Wächterin über das heutige Uhrenstädtchen. Da sie erst 1457 errichtet wurde, zählt sie zu den jüngsten des Landes. Noch heute beeindruckt sie mit ihrer stattlichen Größe und den vielen Überresten. Wie imposant muss sie einst gewirkt haben, hoch oben auf ihrem Felsvorsprung!

Hans von Rechberg, ein kämpferischer Ritter aus Schwaben, der an vielen Fehden und Kriegen beteiligt war, ließ sie als sein Herrschaftszentrum erschaffen. Sein Lebenslauf lässt nicht vermuten, als wäre mit ihm gut Kirschen essen gewesen. Nach der Belagerung der Burg im Dreißigjährigen Krieg und einer späteren Verpfändung wurde sie schließlich von den französischen Truppen Ludwigs XIV. im Pfälzischen Erbfolgekrieg zerstört.

Wer die Burg erkunden möchte, muss einen steilen Anstieg überwinden. Doch die Anstrengung lohnt sich, denn große Teile der ehemals wehrhaften Festung sind gut erhalten und frei zugänglich: die westlich vorgelagerte Bastion mit dem oberen Hof, der Kapellenturm, das mittlere und das hintere Schloss, die Grundmauern von Badhaus und Backhaus. Man fühlt sich fast wie ein Ritter aus vergangenen Zeiten. Darüber hinaus eröffnet sich ein wunderbarer Ausblick auf die ganze Region. Eine kleine Vollendung.

Direkte Anfahrt

Die Burgruine thront oberhalb der Stadt, Richtung Lauterbach. Am besten, man parkt direkt in der Innenstadt.

Wandertipp

Der Rundwanderweg (8,1 Kilometer), der die Burg Hohenschramberg mit dem Felsenmeer verbindet, beginnt am Rathaus.

Kurzlink

out.ac/llwip

Die Burg Hohenschramberg überrascht mit ihren gut erhaltenen Mauerresten

BURGRUINE STAUFEN 10

STAUFEN IM BREISGAU

Von der flachen Rheinebene kommend, sticht sie sofort ins Auge, die Burg Staufen thront hoch oben auf einem Bergkegel. Umrahmt wird sie von einer Rebenlandschaft, die nicht schöner sein könnte. Alte Trockenmauern umringen terrassenförmig die Anlage, als würden sie sie in Szene setzen. Von der Sonne verwöhnt, punktet der Berg mit südfranzösischem Charme. Das Nachbarland ist schließlich zum Greifen nah. Von der Burg aus hat man nicht nur einen fantastischen Blick auf den dunklen Schwarzwald, sondern auch auf die Rheinebene und die sich dahinter erhebenden Vogesen.

Heute kann man von so einem Dienstsitz nur träumen. Doch die Burg wurde zu ganz anderen Zeiten erbaut, wahrscheinlich um das Jahr 1100. Einst herrschten die Zähringer über weite Teile der Region, ein mächtiges Adelsgeschlecht mit großen Ländereien. Von ihnen begünstigt, ließen sich die Herren von Staufen auf der Burg nieder, um von dort aus ein waches Auge auf das Städtchen Staufen zu haben. Bereits 770 erstmalig erwähnt, handelte es sich um eine recht aktive Ortschaft, die an einer regen Handelsroute zwischen dem Rheintal und Münstertal lag. Gleichzeitig konnte sich das Adelsgeschlecht am Silberbergbau bereichern. Die einst großzügig gebaute Burganlage zeugt von seinem Aufstieg. Bereits im 16. Jahrhundert ließen sich die Herren von Staufen eine bequemere Residenz im Städtchen errichten. Nach dem Aussterben des Geschlechts im Jahr 1602 zerfielen die Gebäude auf dem Bergkegel zunehmend, bis sie im Dreißigjährigen Krieg von schwedischen Truppen zerstört wurden. Heute verzückt die gut erhaltene Außenfassade, die man von der charmanten Innenstadt Staufens aus erblickt. Das Wahrzeichen des Städtchens.

Direkte Anfahrt

Kommt man von der B 3 und fährt in Richtung Staufen, so ist die Burg unübersehbar. Direkt am Ortseingang befinden sich Parkplätze.

Wandertipp

Nach dem Rundweg (6,3 Kilometer) und der Besichtigung der Burg sollte man noch genug Zeit einplanen, um durch das hübsche Städtchen zu flanieren.

Kurzlink

out.ac/lHy3i

Mediterranes Feeling im Südschwarzwald

RÖMISCHE BADRUINE BADENWEILER

BADENWEILER

Wir unternehmen einen riesigen Schritt in die Vergangenheit. Nicht in die Zeit der ersten Klosterbauten, der dunklen Bergwerke und der mobilen Glashütten in finsteren Wäldern, sondern in die Zeit der lieblichen Weinberge, sonnigen Lichtungen und raffinierten Badethermen, zumindest für einige Menschen. Die Rede ist von der römischen Badruine in Badenweiler. In einer Epoche, in der die Römer große Teile Europas beherrschten, brachten sie ihre Kultur und Lebensgewohnheiten auch in den Schwarzwald. Oftmals stellt man sich die »graue Vorzeit« primitiv und technisch wenig ausgereift vor, wird angesichts der römischen Badekultur jedoch eines Besseren belehrt. Auf ihren Streifzügen stießen die Römer am Rande des Südschwarzwalds auf warme Heilquellen und bauten riesige ausgeklügelte Thermenanlagen, über die wir heute nur staunen können. Die Badruinen in Badenweiler sind ein Beweis ihres Könnens.

Wahrscheinlich begannen die Arbeiten an der Anlage zu Beginn des 2. Jahrhunderts nach Christus. Am Anfang errichteten die Römer ein schlichtes symmetrisches Gebäude, um nach und nach die Thermen zu vergrößern. Insgesamt soll es sieben Bauphasen gegeben haben, um letztlich für die Badenden einen größtmöglichen Komfort zu schaffen. So kamen weitere Räumlichkeiten hinzu, Heizsysteme und Abwasserkanäle wurden installiert, Schwitzräume und Kaltwasserbecken gebaut, eine Terrasse angelegt. Sogar bunte Malereien schmückten die Baderäume. Der Grundsatz »sanus per aquam« (gesund durch Wasser) zog Menschen von nah und fern an. Heute würde man diese Badeeinrichtung einen touristischen Hotspot nennen! Doch die Römer wurden vertrieben und mit ihnen ihre ausgereifte Badekultur. Die Thermenanlage verfiel. Erst Ende des 18. Jahrhunderts erkannte man die Bedeutung der Ruinen und ließ das Monument freilegen. Seit 2001 schützt ein elegantes Glasdach die Stätte und verbindet so gekonnt die Moderne mit der Antike.

01

Direkte Anfahrt

Die Badruine liegt im Kurpark Badenweiler. Die Ortschaft bietet viele Parkmöglichkeiten.

Wandertipp

Der Kurpark Badenweiler ist weitläufig und hält einige Überraschungen bereit: Neben der Badruine kann man die Burg Badenweiler, einen Hildegard-von-Bingen-Heilkräutergarten, Rebhänge und monumentale Mammutbäume besichtigen.

Kurzlink

out.ac/3ATAE

Als die Römer noch im Schwarzwald lebten

FLÖSSERSTÄDTCHEN 02

WOLFACH

Direkte Anfahrt

Zwischen Hausach und Schiltach gelegen, zweigt man von der B 294 ab und fährt in Richtung Innenstadt.

Wandertipp

Vom Bahnhof Wolfach aus geht es hoch hinaus (7,1 Kilometer): Schöne Blicke vom Berghexenlandeplatz auf das Flößerstädtchen erlaubt diese Rundwanderung.

Kurzlink

out.ac/9pJnB

Ein Städtle wie aus dem Bilderbuch, entsprungen aus einem Märchen längst vergangener Zeiten: pittoresk, bunt, verschlafen und vor allem historisch wertvoll. Denn Wolfach erzählt in seinen Gassen und entlang der Kinzigaue die Geschichte der Flößerei, eines florierenden Holzgewerbes, das jahrhundertelang Baumstämme und Scheitholz auf den Wasserläufen des Schwarzwalds transportierte. Die kleine Schwarzwaldstadt liegt am Zusammenfluss der Kinzig und der Wolf und kann auf eine fast tausendjährige Geschichte zurückblicken. Viele Jahrhunderte erlebte sie eine regelrechte Blütezeit, der schier endlos scheinende Reichtum an Wald verlockte zum Handel mit der großen weiten Welt. Bis nach Holland wurden die kerzengeraden Weißtannen, das »grüne Gold des Schwarzwalds«, befördert.

Von den Höhen der umliegenden Wälder gelangten die Baumstämme auf den Riesen, von Männerhand erschaffenen Holzrutschen, zunächst hinab ins Tal und von dort in die Kinzig, wo sie zu einzelnen Gestören gebunden wurden. An eigens aufgestauten Schwellweihern wurden die Gestöre zu einem schmalen Floß zusammengestellt, das eine Länge von bis zu 600 Metern erreichen konnte. Als Bindematerial dienten Wieden, in speziellen Bähöfen unter Hitze gedrehte Haselnussruten oder Jungtannen. Schließlich ging es los: Nach einem Vaterunser vertrauten die mutigen Flößer ihr Leben den unberechenbaren, wilden Fluten an.

Wer heute aufmerksam durch das Städtle läuft, entdeckt überall stille Zeitzeugen dieser eindrucksvollen Geschichte: Nachbauten von Flößen, an Granitsteinen befestigte Flößerhaken, Flößersteine, die die Entfernung zum Rhein markieren, einen Bähofen oder Wieden, die an Informationstafeln befestigt sind. Der Flößerpfad und das biennal stattfindende Flößerfest ergänzen das Angebot.

Das Wiedendrehen – eine kräftezehrende Arbeit

MONHARDTER WASSERSTUBE 03

ALTENSTEIG

Direkte Anfahrt
Die Wasserstube liegt an der B 28 zwischen Altensteig und Ebhausen. Parkplätze befinden sich vor Ort.

Wandertipp
Eine gemütliche Rundtour (knapp 9 Kilometer) führt um die offene Landschaft des Gäus.

Kurzlink
out.ac/3jqyV

Ganz in der Nähe des hübschen Städtchens Altensteig kann man ein technisches Meisterwerk bestaunen: die Monhardter Wasserstube, einst eine der größten ihrer Art. Dank der Wehranlage samt Wellbaum und Wassergassen konnten mächtige Holländertannen auf ihrem Weg nach Pforzheim liegend gedreht, zusammengebunden und mit einer künstlich herbeigeführten Schwallung transportiert werden.

Vor dem Holzwehr wurden die bis zu 40 Meter langen Bäume von den Flößern zu trapezförmigen Gestören verschnürt. Dabei zeigte der kleinere Stammdurchmesser, »Zopf« genannt, nach vorne, der größere »Stock« nach hinten. Bis zu 15 gebundene Gestöre ergaben ein bewegliches und manövrierfähiges Nagold-Floß mit einer zugelassenen Maximallänge von 286 Metern. Als Bindematerial dienten bis zu 500 Wieden pro Floß, im Bähofen gedrehte Haselruten oder junge Tannen. Das Wasser wurde anschließend angestaut und die mittlere Gasse geöffnet: Das Floß konnte mit der Flutwelle talabwärts gleiten.

Der Holzbedarf im Schwarzwald und darüber hinaus war schier endlos. Nicht nur für Brenn- und Bauholz, sondern auch für die baumfressenden Gewerbe wie den Bergbau wurden die einst stolzen Weißtannen gefällt und verkauft. Die Blütezeit des Holztransports erlebte die Flößerei nach dem Dreißigjährigen Krieg, als eine regelrechte Aufbruchstimmung in ganz Europa herrschte und die Niederlande zu einer aufstrebenden Seemacht avancierten. Schließlich veranlasste Herzog Carl Eugen von Württemberg im 18. Jahrhundert großflächige Holzhiebe in der Region, um seine kostspielige Hofhaltung und die teuren Schlossbauten zu finanzieren. Beinahe ein Kahlschlag für die Wälder des Nordschwarzwalds. 1911 rauschte das letzte kommerzielle Floß die Nagold hinab.

Ein technisch ausgeklügeltes Meisterwerk

LINACHTALSPERRE 04
VÖHRENBACH

Direkte Anfahrt
Südlich von Vöhrenbach biegt man rechts in die Linachstraße ein. Das Bauwerk ist nicht zu übersehen.

Wandertipp
Den Energielehrpfad (5,3 Kilometer) kann man sowohl am Kraftwerk als auch an der Linachtalsperre beginnen. Wer noch mehr entdecken möchte, erweitert die Wanderung um den Rundweg, der um den See führt.

Kurzlink
out.ac/Mnwg

Vor über 100 Jahren wurde ein beeindruckendes Gebäude zur Stromherstellung erbaut: die Linachtalsperre. Zu damaligen Zeiten die höchstgelegene Großbaustelle und die erste Vielfachbogenbauweise Deutschlands. Rein finanzielle Gründe gaben den Ausschlag, diese Konstruktion zu verwirklichen. Denn so konnten Material und Arbeitskräfte gespart werden in einer Zeit, in der die Inflation unglaubliche Höhenflüge genommen hatte und man für ein einfaches Brot bereits viele Nullen hinter den Preis schreiben und mit einer Schubkarre sein Bargeld befördern musste. So war auch die Stadt Vöhrenbach gezwungen, zur Finanzierung der Baustelle erhebliche Holzhiebe durchführen zu lassen. 1925 wurde die Staumauer fertiggestellt, nach nur drei Jahren Bauzeit, die Kosten sind durch die Hyperinflation nicht genau zu beziffern.

Was bleibt, ist eine Vielfachbogenbauweise mit einer geraden Kronenlänge, insgesamt sind es 143 Meter von einem Ufer zum anderen, in einer luftigen Höhe von 25 Metern. Dafür wurden rund 11.000 Kubikmeter Beton verbaut. Doch nichts währt bis in alle Ewigkeit: Bereits 1969 wurden unübersehbare Schäden und Sanierungskosten offengelegt, sodass der Kraftwerksbetrieb eingestellt werden musste. Seitdem dümpelte die Linachtalsperre in der Bedeutungslosigkeit, bis sich 1998 der Gedanke regte, das historische Bauwerk zu sanieren und reaktivieren. Seit 2007 sind die Bauarbeiten abgeschlossen und der Stausee ist wieder gefüllt. Ein schön angelegter Rundweg führt um das Wasser herum. Die Mauerkrone ist frei zugänglich und ermöglicht einen beeindruckenden Blick auf den See. Ein Pfad verläuft unter den ausgehöhlten Staumauerelementen. Erst von dort aus wird einem richtig bewusst, wie gewaltig die Konstruktion ist. Der Weg leitet zum sanierten Jugendstil-Kraftwerkhaus, wo vor den eigenen Augen Wasserkraft zu Energie wird.

Die Erste ihrer Art – die Linachtalsperre

DREIFÜRSTENSTEIN 05

BAIERSBRONN, SASBACH UND SEEBACH

Markgrafschaft Baden, Herzogtum Württemberg, Erzbistum Straßburg: Der Schwarzwald hat in seiner Geschichte bewegte Zeiten hinter sich. Auf 1.154 Höhenmetern zeugt eine markante Felsenplatte aus Buntsandstein von den Herrschaftsverhältnissen in der Vergangenheit und markiert ganz nebenbei auch den höchsten Punkt Württembergs. Gesetzt wurde die Gedenkplatte schon vor drei Jahrhunderten – bereits im Jahre 1722.

Zu Beginn des 18. Jahrhunderts waren die Landesgrenzen nicht eindeutig festgelegt. Dies führte oft zu Meinungsverschiedenheiten bei Hoheits- und Rechtsfragen und zu regelmäßigem Gezänk zwischen den Eigentümern der Grundstücke. Um diesen Konflikt endgültig zu lösen, wurde der »24 Schuh lang und 16 Schuh breite« Grenzstein gesetzt, wie auf der dazugehörigen Informationstafel nachzulesen ist. In der Mitte der Platte ist der Markierungspunkt eingelassen, von dem aus Linien die Landesgrenzen ziehen. Die Wappen der einzelnen Herrschaftshäuser sind in den Stein gemeißelt. Neben vielen willkürlichen Gravuren befindet sich hier eine weitere Inschrift: »Hohenheim 1837«. Studenten der Universität Hohenheim haben zu der Zeit die öffentliche Waldvermessung durchgeführt und diese im Denkmal verewigt. Heute markiert der Punkt die Gemarkungsgrenzen zwischen den badischen Gemeinden Sasbach und Seebach sowie der württembergischen Gemeinde Baiersbronn.

Seit 300 Jahren erzählt die Buntsandsteinplatte auf ihre Art einen Teil der Geschichte des Schwarzwalds. Bewacht wird sie von den hohen Tannen, die die Gedenkplatte umgeben. An Sonnentagen werfen ihre Zweige ein schönes Schattenspiel auf den Stein. Daneben steht eine Informationstafel, die bei der Deutung der Inschriften hilft.

Direkte Anfahrt

Auf dem großen Parkplatz vor dem Mummelsee an der B 500 parken und der Beschilderung »Dreifürstenstein« folgen.

Wandertipp

Eine anspruchsvolle Rundtour (14,7 Kilometer), die einige Highlights verbindet, beginnt am Viehläger bei Forbach. Wer möchte, kann auch beim Seibelseckle starten.

Kurzlink

out.ac/GgoiT

»24 Schuh lang und 16 Schuh breit«

MARKGRAFENSCHANZE 06

HORNBERG

Direkte Anfahrt

Im Zentrum von Hornberg unter dem Viadukt parken und von dort aus losgehen.

Wandertipp

Die Schanze liegt oberhalb des Hornberger Freizeithauses Sankt Franziskus.

Kurzlink

out.ac/lZb7Z

Zeugen einer bewegten Geschichte. Überall im Schwarzwald stehen sie, die Verteidigungsschanzen, die hauptsächlich in der Zeit zwischen dem Dreißigjährigen Krieg und dem Spanischen Erbfolgekrieg gebaut wurden. Sie sind ein bis heute wenig bekanntes Kulturerbe, deren Bewahrung sich der Schwarzwaldverein im Rahmen der Heimatpflege auf die Fahne geschrieben hat.

Mittlerweile sind die Verteidigungswälle teils spurlos verschwunden oder unter dichtem Gestrüpp versteckt. Doch wer mit offenen Augen durch die Landschaft geht, kann noch recht viele dieser Denkmale entdecken. Errichtet wurden sie an sorgfältig gewählten Standorten, um wichtige Routen zu verteidigen, oft mit einer guten Sicht auf das Rheintal. So erlaubt beispielsweise die Markgrafenschanze in Hornberg einen weiten Blick in das Gutachtal.

Bereits während des Dreißigjährigen Kriegs (1618–1648), der in Europa als Religionskonflikt begann und als Territorialkrieg endete, verschanzte man die Hauptpässe des Schwarzwalds. Später wurden weitere Schanzen erbaut, vor allem in der Zeit des Spanischen Erbfolgekriegs (1701–1714). In diesem stritten sich die Konfliktparteien Frankreich und das Heilige Römische Reich, das etwa mit England einen starken Verbündeten hatte, um das Erbe des letzten spanischen Königs Karl II. aus dem Hause Habsburg – Bourbonen gegen Habsburger. Um sich den einfallenden französischen Truppen entgegenzustellen, wurden Hunderte von Schanzen mit reiner Muskelkraft geschaffen, über eine Luftlinie von rund 214 Kilometern zwischen Bad Säckingen und Neckargemünd.

Die Markgrafenschanze in Hornberg ist nach dem Bauernhof benannt, der unterhalb liegt. War sie damals noch Schauplatz von Krieg und Verwüstung, darf man heute auf der freigelegten und gut erhaltenen Schanze einfach einen atemberaubenden Blick auf Hornberg und sein Schloss genießen.

Ein Verteidigungswall in einer reizvollen Landschaft

SCHAUINSLANDBAHN 07

HORBEN

Wahrhaft nicht so hoch und lang wie manch andere berühmte Luftbahn der Welt, doch dafür umso charmanter: Die Schauinslandbahn ist mit ihren über 90 Jahren ein richtiger Seilbahn-Oldie und Deutschlands erste und längste Seilbahn mit umlaufenden Kabinen. Nach nur 14 Monaten Bauzeit wurde die knapp vier Kilometer lange Seilschwebebahn im Jahr 1930 eröffnet, in einer Zeit, in der immer mehr Ausflügler in den Schwarzwald kamen. Damals war die Seilbahn so innovativ, dass man ihren Erfolg nicht abschätzen konnte. Zwei Jahre gab man ihr, danach könne man sie allenfalls wieder abbauen. Doch die Überraschung war groß: Von Anfang an erfreute sich die Bahn großer Beliebtheit. Im Sommer zur Sommerfrische auf den Berg und im Winter in den Schnee, auf einmal war das alles bequem möglich. Doch nicht nur die Städter konnten Freiburg entschweben, sondern auch die Einwohner der Bergdörfer rund um den Schauinsland hatten nun die Möglichkeit, schnell und ohne Mühen in die Stadt zu kommen. Seitdem wurde die Schwebebahn technisch modernisiert, doch hat sie von ihrem einstigen Charme nichts verloren: Die Stationsgebäude mit ihren Holztheken und dem unverwechselbaren Retro-Chic sowie die Kabinen im Vintage-Look sind geblieben. Einzig die uniformierten Schaffner fehlen.

Die Schauinslandbahn ist viel mehr als eine Seilbahn. Sie stillt in uns die Sehnsucht nach Berg, Wiese und reiner Luft. Zu 100 Prozent mit Ökostrom betrieben, bietet sie eine nachhaltige Möglichkeit, komfortabel und mit den öffentlichen Verkehrsmitteln von Freiburg aus den 1.284 Meter hoch gelegenen Schauinsland zu erklimmen. Und mit ein bisschen Glück können wir von der Luft aus den Gämsen bei ihren waghalsigen Sprüngen zuschauen.

Direkte Anfahrt

Von Freiburg aus auf der Schauinslandstraße Richtung Günterstal fahren und der Beschilderung zur Talstation folgen.

Wandertipp

Direkt am Parkplatz und an der Bergstation gibt es viele ausgeschilderte Wanderwege. Eine schöne Fernsicht bietet die Gipfelwanderung (4,4 Kilometer).

Kurzlink

out.ac/sikH

In der Luft schweben

Fein gegen Staub.
Sauber nach oben.
Prima fürs Klima!
Freiburger Verkehrs AG
VAG
GANTER

BALZER HERRGOTT 08
GÜTENBACH

Direkte Anfahrt
Von Gütenbach aus fährt man über den Breiteckweg zum Wanderparkplatz Balzer Herrgott.

Wandertipp
Der Rundweg (13 Kilometer) startet in der Ortsmitte von Neukirch und führt unter anderem an der Hexenlochmühle vorbei.

Kurzlink
out.ac/3vZI4X

An kaum einem anderen Ort im Schwarzwald verschmelzen sakrale Kunst und landschaftliche Schönheit so harmonisch – als wären die Christusfigur und die Buche füreinander geschaffen worden. Eine Einheit, die uns in ihren Bann zieht, staunen lässt, verzaubert.

Auf einer Lichtung im Wald steht eine mächtige Buche. Ihr ausladendes Kronendach schützt den Schatz, den sie umhüllt: Die Rinde ihres Stamms ummantelt eine Sandsteinfigur, nimmt sie in sich auf, bis sie sie eines Tages ganz verschlingen wird. Doch wie ist die steinerne Figur, der Balzer Herrgott, an diesen magischen Ort gekommen? Eindeutig bewiesen ist die Herkunft nicht und es gibt mehrere Geschichten zur Entstehung des Naturdenkmals. Eine Tafel neben der Buche informiert die Wanderer über eine wuchtige Schneelawine, die 1844 den Königenhof des Balthasar Winkel in Neukirch samt Hofkreuz zerstört hat. Die Arme und Beine der Sandsteinfigur waren abgebrochen, übrig war nur der Kopf mit dem ausdrucksstarken Blick und der Rumpf. Junge Burschen sollen den Torso durch den Wald zu seinem heutigen Standpunkt getragen und ihn an den Baum gelehnt haben. Zwei Gütenbacher Uhrmachergesellen sollen ihn dann an der Buche befestigt haben, die ihn nun Stück für Stück verschlingt. Nur der Kopf des Balzer Herrgotts schaut heute aus der herzförmigen Umwallung der Rinde auf uns herab.

Überall stehen sie im Schwarzwald, die stillen Zeugen: Bildstöcke und Wegkreuze sind zur Erinnerung an ein Geschehnis errichtet worden. In wenigen Worten erzählen sie uns eine Geschichte von Leid und Unglück, von Krankheit und Krieg. Nirgends so ausdrucksstark wie beim Balzer Herrgott. Und trotz seiner Berühmtheit kann man sich von der Verschmelzung von Kunst und Natur, von der Schönheit des Ortes und dem Frieden, den er ausstrahlt, nur berührt fühlen. Ein magisches Fleckchen Erde.

Die Verschmelzung von sakraler Kunst und landschaftlicher Schönheit

GRUBE WENZEL 09
OBERWOLFACH

Direkte Anfahrt
Von Wolfach kommend im Ortsteil »Oberwolfach Kirche« nach der Kirche links in die Straße Frohnbach abbiegen und der Beschilderung bis zur Grube folgen.

Wandertipp
Der gemütliche Rundwanderweg (knapp 5 Kilometer) verbindet die Themen Bergbau, Mineralien und Mathematik.

Kurzlink
out.ac/H34nr

Besucht man die Grube Wenzel, so taucht man ein in die verborgene Welt des Bergbaus. In der Tiefe des Gesteins herrschen nicht nur eine wohltuende Stille und eine ganzjährig angenehme Temperatur von rund elf Grad, sondern es wird ein Stück lebendige Bergwerksgeschichte erzählt: die mineralische Vergangenheit des Schwarzwalds. Jahrhundertelang wurden zahlreiche Bergwerke in unserer Region betrieben, so auch die Grube im Wolftal. In einer Urkunde aus dem Jahr 1397 wird eine nahe gelegene Bergmannssiedlung erwähnt, sodass die Anfänge der Silbergewinnung vermutlich bis in die Zeit um 1300 zurückreichen. Bis zum völligen Erliegen des Grubenbetriebs 1823 wurden bedeutende Silberfunde gefördert, Kupfer und bleihaltiges Gestein kamen zur reichen Ausbeute hinzu. Das Hauptsilbererz war der Dyskrasit, der zu rund 80 Prozent aus Silber besteht.

Die Grube Wenzel erzählt überdies von einem Leben, das von Entbehrungen und unglaublich harter Arbeit gekennzeichnet war, einem Tagesablauf in Dunkelheit und mangelnder Hygiene. Und von der traurigen Geschichte der Bergleute, die vier Meter zu früh mit der Arbeit aufgehört haben! Die Förderung der Mineralien lässt sich in zwei Bergbauperioden aufteilen: Die erste endete ohne große Ausbeute im Jahr 1620, die zweite und erfolgreichere dauerte von 1760 bis 1823. Nur wenige Meter weiter lag eine Ader, die die Bergleute nicht gefunden haben. Was für ein bitteres Pech!

Die Arbeitsbedingungen in den engen Stollen sind für heutige Verhältnisse unvorstellbar: kriechend, im Dunkeln, jahrhundertelang nur mit Schlägel und Eisen bewaffnet, den brennenden Kienspan zwischen den Zähnen haltend! Da verwundert es kaum, dass die durchschnittliche Lebenserwartung eines Grubenarbeiters nur bei ungefähr 30 Jahren lag …

Ein Einblick in heute unvorstellbare Lebensbedingungen

GRUBE WENZEL
WENZEL

STÄTTEN HISTORISCHER WALDBERUFE

ENZKLÖSTERLE

10

Direkte Anfahrt

Von Bad Wildbad aus der L 351 bis nach Enzklösterle folgen.

Wandertipp

Die Rundtour (12 Kilometer) beginnt am Kurhaus Enzklösterle und führt an den Waldgewerben vorbei.

Kurzlink

out.ac/ZOwet

Inmitten der tiefen Wälder von Enzklösterle taucht man ein in die Geschichte des Schwarzwalds und seiner historischen Berufe. Dass sich in unserem Mittelgebirge mit seinem Holzreichtum eine Vielzahl an Waldgewerben entwickelte, erlebt man hier entlang eines eigens dafür angelegten Wanderwegs auf sehr anschauliche Weise. Neben den bekannteren Gewerben und deren Bauten wie der Flößerei und dem Wiedeofen entdeckt man Berufe, die aus unserer Erinnerung längst verschwunden sind. Blicke in ganz andere Lebenswelten öffnen sich, zum Beispiel in die der Salbeofenbrenner und Kienrußbrenner.

Der Salbeofen, auch Schmierofen genannt, diente zur Gewinnung von wertvollen Holzdestillaten. In dem runden Ofen wurde zunächst das harzige Holz, vorwiegend Kieferholz, aufgeschichtet und unter Ausschluss von Sauerstoff abgedichtet. Angezündet kam es zu einem Schwelbrand, bei dem die Holzdestillate austraten: Holzessig, Holzteer, Kienöl und Pech. Diese Erzeugnisse verwendeten etwa Gerber, Apotheker und Schuster. Um den Harzgehalt der Nadelbäume zu erhöhen, verwundete man einige Jahre vor dem Hieb die Rinde des Baums durch gezieltes Abschälen. Dadurch kam es zu einer stärkeren Harzproduktion.

Im Enztal spielte auch das Kienrußbrennen eine große Rolle. Der Ruß war ein begehrtes Färbemittel und fand breite Anwendung: zum Beispiel als Druckerschwärze, Ölfarbe und Schuhschmiere. Für den Brennvorgang benutzte man die Rückstände aus dem Salbeofen, harzige Holzzapfen oder Reisig. Die gut erhaltene und restaurierte Rußhütte am Friedhof kann ebenfalls besichtigt werden. Regionalgeschichtliche Erkundung und Wandern, das ist hier in Enzklösterle wunderbar miteinander verbunden.

Ein Zeuge längst verschwundener Waldberufe

DIE ZEHN LUFTIGSTEN
AUSSICHTSTÜRME

- Aussichtsturm Himmelsglück, Schömberg //
- Buchkopfturm, Oppenau // S. 144
- Baumwipfelpfad, Bad Wildbad //
- Urenkopfturm, Haslach im Kinzigtal //
- Moosturm, Oberkirch //
- Hohlohturm, Kaltenbronn // S. 58
- Geigerskopfturm, Oberkirch //
- Eugen-Keidel-Turm, Schauinsland // S. 26, 82, 204
- TK Elevator Testturm, Rottweil //
- Aussichtsturm Hohe Möhr, Schopfheim //

Im Schwarzwald gibt es eine Vielzahl an Aussichtstürmen. Einige davon wurden vom Schwarzwaldverein initiiert, bestehen oft aus dem für die Region typischen Sandstein und haben schon einige Jahre auf dem Buckel. Neue schießen in die Höhe, luftige Konstrukte aus heimischer Weißtanne und Stahl. Was sie gemein haben, ist die freie Sicht in die Ferne. Beinahe wie ein Vogel schweben wir über den Baumwipfeln. Wir schauen über den Tellerrand der engen Täler und erweitern unseren Blick ins Unendliche.

Historische Sandsteinbauten oder luftige Stahlkonstrukte, grandiose Aussichten sind garantiert!

DIE ZEHN SCHÖNSTEN
WANDERUNGEN

- »Bernauer Hochtal Steig«, Bernau // S. 30, 152
- Belchensteig, Wiedener Eck // S. 12
- Feldbergsteig, Feldberg // S. 16, 68, 84, 138
- Ibacher Panoramaweg, Ibach // S. 70
- U(h)rwaldpfad, Rohrhardsberg bei Schonach // S. 104
- Karlsruher Grat und Brennte Schrofen, Ottenhöfen im Schwarzwald // S. 32
- Rappenfelsensteig, Grafenhausen-Staufen //
- Harmersbacher Vesperweg, Oberharmersbach //
- Höhenweg zwischen Sankt Märgen und Sankt Peter // S. 156
- Himmelssteig, Bad Peterstal //

Über 24.000 Kilometer markierte Wanderwege sollen es sein, mehr als eine halbe Weltumrundung, ohne den Schwarzwald je zu verlassen – unsere Region ist mit seinem dichten Netz an Wegen ein Wanderparadies. Schritt für Schritt kommen wir in der Stille der Natur zur Ruhe, entfernen uns vom Alltag und hängen unseren Gedanken nach. Wir treten ein in eine Welt der kleinen Schönheiten, für die sonst keine Zeit bleibt. Im Schwarzwald beginnt das Wandern direkt vor unserer Haustür. Was will man mehr?

Sich ins Jetzt wandern – im Schwarzwald denkbar einfach

DIE ZEHN INTENSIVSTEN
NATURERLEBNISSE

- Geführte Wanderung mit dem Ranger des Nationalparks, Ruhestein // S. 20, 64, 148
- Eine Nacht im Trekking-Camp, Naturpark Südschwarzwald und Naturpark Schwarzwald Mitte/Nord //
- Sonderführung beispielsweise zu den Themen Vogelstimmen, Schmetterlinge und Wildpflanzen, Haus der Natur, Feldberg // S. 16, 68, 84, 138
- Nationalparkzentrum, Ruhestein // S. 20, 64, 148
- Bauerngartenroute, Bauerngärten im südlichen und mittleren Schwarzwald, www.kraeuter-regio.de/bauerngartenroute //
- Krokusblüte, Zavelstein // S. 184
- Veranstaltungen des Projekts »Blühende Naturparke«, Naturpark Südschwarzwald und Naturpark Mitte/Nord //
- Alternativer Wolf- und Bärenpark, Bad Rippoldsau-Schapbach // S. 118, 134
- Sonnenaufgang auf dem Belchen // S. 12
- Fahrt mit der Sauschwänzlebahn, Blumberg //

Die Natur erleben, das ist im Schwarzwald denkbar einfach. Ein Gang vor die Haustür und es wimmelt nur so von Angeboten: Hochseilgärten, Rodelbahnen, Freizeitparks – das Unterhaltungsangebot ist groß! Doch manchmal braucht es gar nicht viel: Schuhe aus und Socken runter! So simpel kann ein Schwarzwald-Erlebnis sein. Den weichen Waldboden zu spüren, entspannt Füße und Kopf. Oder man nutzt eine öffentliche Feuerstelle im Wald, welch ein Privileg! Die schlichten Freuden sind die schönsten!

Ein Refugium für Bären – der Alternative Wolf- und Bärenpark

DIE ZEHN FROSTIGSTEN
SCHNEEERLEBNISSE

- Winterwanderweg Hornisgrinde, Mummelsee // S. 20, 64
- Schneeschuhtour, Talstation Belchen // S. 12
- Von Abfahrtsski bis Snowkiten, Schneeparadies Feldberg // S. 16, 68, 84, 138
- Rodeln, Krunkelbachhütte bei Bernau // S. 14, 30
- Langlaufen auf der Thurnerspur, Sankt Märgen // S. 156
- Schneeschuhtour, Seibelseckle //
- Biathlon-Schnuppern, Todtnau-Notschrei // S. 116
- Langlaufen, rund um Kniebis // S. 160
- Rodeln, Naturrodelbahn Lenzkirch-Saig // S. 62
- Eislaufen, Natureisweiher Erlenbruckerstraße, Hinterzarten // S. 66

Wenn die ersten zarten Schneeflocken vom Himmel wirbeln und den Schwarzwald in sein schönstes Hochzeitsgewand kleiden, dann verspüren wir unendliche Freude. Denn wenn es um Schnee geht, dann sind wir im Herzen alle noch Kinder. Die Farben des Herbsts werden begraben, leise und zärtlich wirft der Schnee seine Decke über die Tannen auf den Gipfeln und zieht sich manche Jahre bis tief in die Täler hinab. Unberührtes Weiß. Alles ist erstarrt, alles ist ruhig. Und wir fühlen die Magie des Schnees.

DIE ZEHN LECKERSTEN
VESPERSTUBEN

- Hinterwaldkopfhütte, Oberried // S. 86
- Gasthaus zur Schwedenschanze, Schonach //
- Almgasthaus Knöpflesbrunnen, Utzenfeld //
- Höfener Hütte, Buchenbach //
- Einkehrstube Hintereck, Gütenbach // S. 206
- Stöcklewaldturm, Furtwangen // S. 40, 102
- Almgasthütte Käbelescheuer, Münstertal // S. 38, 108, 154
- Höhengasthaus Kolmenhof, Furtwangen // S. 40, 102
- Gasthaus Der Turm, Fohrenbühl //
- Küferhäusle, Schönwald // S. 136, 168

In den traditionellen Gasthöfen des Schwarzwalds wird nicht schick diniert, sondern zünftig gevespert. Der ganze Geschmack des Schwarzwalds wird auf einem schlichten »Brettle« serviert: Vom Speckvesper über Käsebrot und Bibbeleskäs bis zum unkomplizierten Honigbrot – Freunde der einfachen Genüsse fühlen sich in den Vesperstuben wunderbar aufgehoben. Der Blick schweift in die weite Landschaft, der Rücken lehnt am wärmenden Kachelofen. Es gibt kaum ein schöneres Plätzchen auf Erden als in einer Schwarzwälder Vesperstube!

Herzhaft, einfach, gut – das Schwarzwälder Vesper

SCHWARZWALD

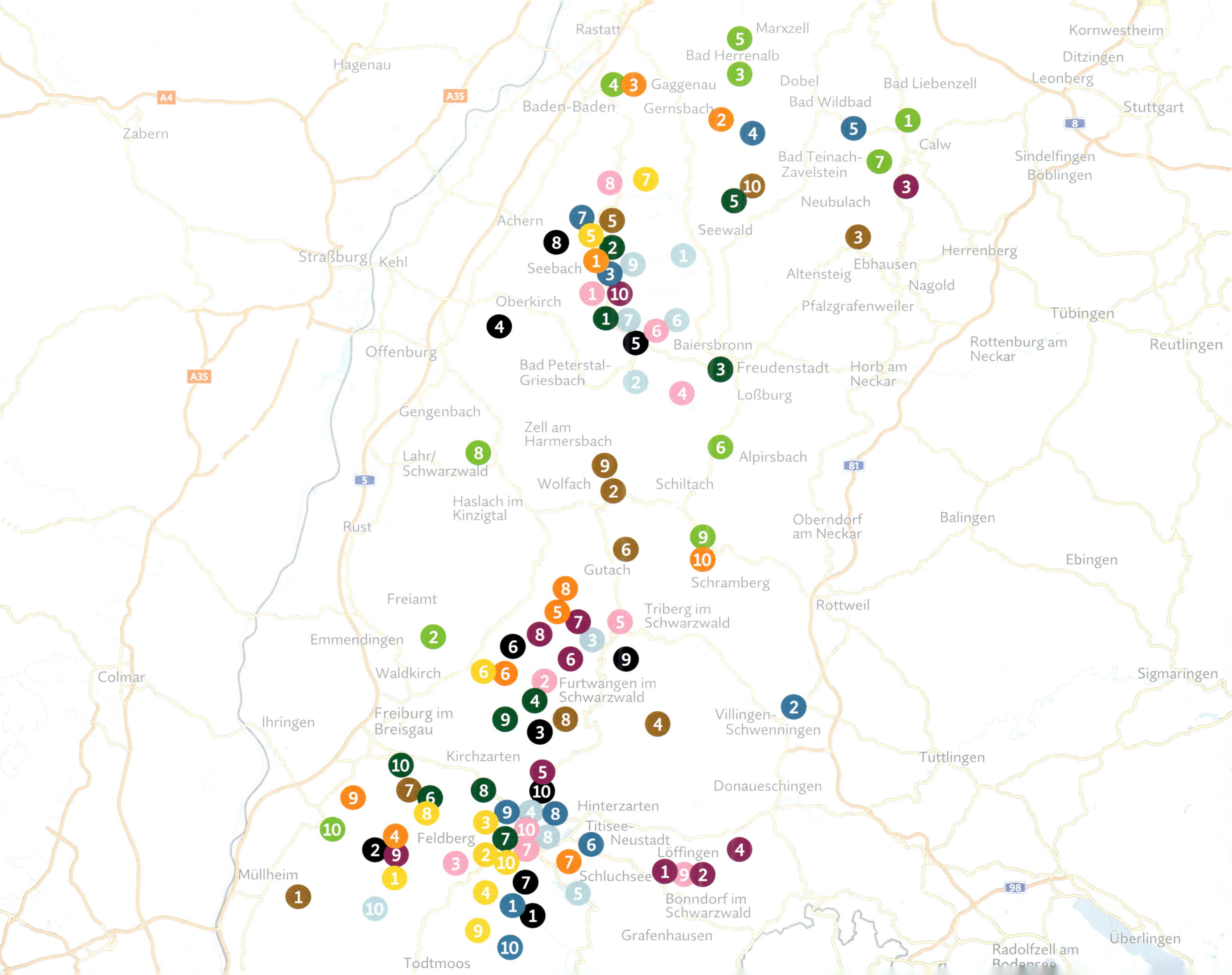
Rastatt
Marxzell
Kornwestheim
Bad Herrenalb
Ditzingen
Hagenau
Gaggenau
Dobel
Bad Liebenzell
Leonberg
A4
A35
Baden-Baden
Gernsbach
Bad Wildbad
Stuttgart
Zabern
8
Calw
Bad Teinach-
Zavelstein
Sindelfingen
Böblingen
Neubulach
Achern
Seewald
Herrenberg
Straßburg
Kehl
Seebach
Ebhausen
Altensteig
Nagold
Oberkirch
Pfalzgrafenweiler
Tübingen
Offenburg
Baiersbronn
Rottenburg am
Neckar
Reutlingen
A35
Bad Peterstal-
Griesbach
Freudenstadt
Horb am
Neckar
Loßburg
Gengenbach
Zell am
Harmersbach
Lahr/
Schwarzwald
Alpirsbach
5
81
Wolfach
Schiltach
Haslach im
Kinzigtal
Rust
Oberndorf
am Neckar
Balingen
Ebingen
Gutach
Schramberg
Freiamt
Rottweil
Triberg im
Schwarzwald
Emmendingen
Waldkirch
Colmar
Furtwangen im
Schwarzwald
Sigmaringen
Villingen-
Schwenningen
Ihringen
Freiburg im
Breisgau
Kirchzarten
Tuttlingen
Donaueschingen
Hinterzarten
Titisee-
Neustadt
Feldberg
Löffingen
Müllheim
Schluchsee
98
Bonndorf im
Schwarzwald
Grafenhausen
Überlingen
Radolfzell am
Todtmoos

BILDVERZEICHNIS

Ein herzliches Dankeschön an die Mitarbeiter der Schwarzwald Tourismus GmbH, der Tourismusverbände, der Tourist-Informationen und der Forstbehörden für ihre Begeisterung und freundliche Unterstützung. Wenn der Schwarzwald so schön ist, dann ist es auch ihr Verdienst.

Staatliche Schlösser und Gärten Baden-Württemberg, Andrea Rachele // S. 173

Staatliche Schlösser und Gärten Baden-Württemberg, Corinna Greb // S. 175

Staatliche Schlösser und Gärten Baden-Württemberg, Achim Mende // S. 179

Staatliche Schlösser und Gärten Baden-Württemberg, Achim Mende // S. 183

Staatliche Schlösser und Gärten Baden-Württemberg, Achim Mende // S. 193

Alternativer Wolf- und Bärenpark Schwarzwald e.V. // S. 217